素描焦菊隱

話劇奠基一大師導演
藝術樹獨幟雷雨茶館
蔡文姬作品冬之留人心

李嵐清
乙未夏日

"百年巨匠" 素描／李岚清 绘

百年巨匠
Century Masters

焦菊隐

焦世宏 ◎ 著

文物出版社

**图书在版编目（ＣＩＰ）数据**

焦菊隐 ／ 焦世宏著． —— 北京 ：文物出版社，2017.9
（2018.5重印）
（百年巨匠）
ISBN 978-7-5010-5180-9

Ⅰ．①焦… Ⅱ．①焦… Ⅲ．①焦菊隐（ 1905－
1975）－传记 Ⅳ．①K825.78

中国版本图书馆CIP数据核字(2017)第183065号


**百年巨匠·焦菊隐**

| | |
|---|---|
| 著　　者 | 焦世宏 |
| 总 策 划 | 刘铁巍　杨京岛 |
| 责任编辑 | 张朔婷 |
| 封面设计 | 子　旃 |
| 责任印制 | 张道奇 |
| 责任校对 | 陈　婧 |
| 出版发行 | 文物出版社 |
| 社　　址 | 北京市东直门内北小街2号楼 |
| 网　　址 | http://www.wenwu.com |
| 邮　　箱 | web@wenwu.com |
| 制版印刷 | 北京图文天地制版印刷有限公司 |
| 经　　销 | 新华书店 |
| 开　　本 | 710×1000　1/16 |
| 印　　张 | 13.25 |
| 版　　次 | 2017年9月第1版 |
| 印　　次 | 2018年5月第2次印刷 |
| 书　　号 | ISBN 978-7-5010-5180-9 |
| 定　　价 | 49.80元 |

# 宣传巨匠推广大师 为时代树立标杆

蔡武

文化部原部长 《百年巨匠》总顾问

文化精品创作工程包括重大出版工程、影视精品工程。《百年巨匠》就是跨界融合的一个重大文化工程，它深具创意，立意高远，选题准确、全面，极富特色，内容精彩纷呈，内涵博大精深，基本涵盖了我国20世纪这一特定历史时期在文学艺术方面的成就及其代表人物。它讲述的不仅仅是各位巨匠的传奇人生，更是他们的文学艺术成就同民族、国家，同历史、文化，同当代世界，同20世纪风云激荡的年代，以及同人民的命运都是紧密相连的。他们的成就对整个社会产生了重要而深远的影响。因此，立足21世纪的当今，系统全面科学解读巨匠人生与大师艺术，有着特殊而积极的意义，是社会和时代的要求。

作为一个有影响力的文化品牌，《百年巨匠》的表现形式也是多样的。《百年巨匠》丛书和纪录片互动互补，是出版界与影视界的跨界合作与融合发展，形成了叠加影响和联动效应，进一步丰富和扩大了品牌的内涵和外延。在信息社会"四屏"时代，用这样的一种方式来表达重大深刻的主题，具有重大的创新意义，是对中华优秀文化传承发展进行创造性转化、创新性发展的成功探索。体现出强烈的历史感、时代性、民族性，具有鲜明的中国特色，必将产生深远的影响。

一个民族自立于世界民族之林，离不开民族的自信心与自尊心。而民族的自信心和自尊心有其思想基础和人文轨迹，即对民族文化的重要代表人物和优秀传统应当有比较全面的了解并进行广泛传播。一个国家的历史需要记录，文化艺术同样如此。《百年巨匠》丛书秉承文献性、真实性、生动性原则，客观还原大师原貌，以更为宏阔的历史维度对大师们所经历的时代给予不同视角的再现和解读，为读者开启一扇连接20世纪中国近现代文化艺术史的大门。

　　巨匠们的艺术成就、人生经历、精神高度，彰显了中华民族文化在这个时代所能达到的高度，不仅有文学艺术上和文化史上的价值，而且有人文思想美学上的划时代性贡献。《百年巨匠》可以增强我们的文化自信和实现中华民族伟大复兴的意志。

　　《百年巨匠》还有一个重要意义，它能够激励我们后来人砥砺奋进，勇攀高峰。这些文化艺术巨匠有着深厚的爱国情怀和强烈的民族责任感，他们将个人荣辱兴衰与国家、民族命运联系起来，用文化艺术去改变现实，实现理想。在新旧道德剧烈冲撞中，他们所表现出来的高风亮节是后来人的楷模。他们所传导出的强大正能量，会激励一代又一代广大读者，对促进我们整个民族新一代的教育与成长，有着非常重要的启迪意义。他们的精神是引领和鼓舞我们再出发的航标与风帆。

　　《百年巨匠》也给了我们很多的启示，可以帮助我们回答和破解"钱学森之问"。20世纪产生了那么多的大师，新世纪、新时期我们应该如何助推产生出新的大师？这些巨匠的成长轨迹给我们揭示了大师们成长的规律，如要深具家国情怀，要胸怀高远理想；要深深扎根于人民，与人民同呼吸共命运；既继承民族优秀传统文化，又要勇于创新；并以非常包容的心态去拥抱一切文明成果等。

《百年巨匠》仅反映了20世纪百年的文化形态和人文生态，我们应该把这个事业延续下去，面向21世纪。对艺术大师的发掘是通过他们的作品来体现的，而他们的作品既是中华文化的传承，又进一步丰富、创新了中华文化的构成。从这个意义上讲，宣传这些艺术巨匠就是弘扬中华文化。这些艺术巨匠作为中国名片，拥有较强的国际影响力，这一工程的推进，可以有效推动中华文化和中国出版走出去。不仅仅局限于艺术领域，还可以从广度上、外延上扩大至整个文化领域，甚至把科技、教育等领域的巨匠们也挖掘展示出来。

一个国家文化事业的繁荣与发展，既需要广大艺术家的努力，也需要大师巨匠的引领。宣传巨匠，推广大师，为时代树立标杆，无疑是我们责无旁贷的历史责任。巨匠之所以是巨匠，大师之所以能成为大师，是因为他们以具有强烈时代感和创新精神的作品站在了巅峰。而他们巨作的背后，是令人钦佩的工匠精神，这种工匠精神的发掘和弘扬在当下具有重要的现实意义。同时，这百年的文学艺术史已有的众多成果，从学术上也要系统总结。而长期以来一直困扰我们的一大难题，就是如何把这些重要的学术研究成果进行转化和再创造，使之成为可被大众接受、雅俗共赏的精品佳作。从这个意义上讲，《百年巨匠》丛书的出版也是非常值得赞许的。

当前，我们的文化艺术事业虽然取得了长足的进步，但是相对于时代的重任，人民的厚望，尚有作品趋势跟风、原创性匮乏、模仿严重等问题，希冀大家在《百年巨匠》作品中得到更多的启迪和感悟。

我们国家正处在重要的历史时期，为我们文艺创作提供了丰沃的土壤和广阔的空间。中华民族的伟大复兴，呼唤一切有为的文艺工作者，为繁荣中国特色社会主义文化、建设社会主义文化强国，奉献毕生的才华和创作热情，将高度的社会责任感和历史使命感化作文艺创作的巨大动力，创作出无愧于时代、无愧于祖国和人民的优秀文艺作品，让我们这个时代的文艺创作异彩纷呈，光耀世界。

# 序

1975 年 2 月 28 日，焦菊隐走完了他 70 年的人生历程。

没有了昔日的风流倜傥，临终时的焦菊隐形销骨立，与其说是被病痛折磨的，不如说是心痛所致。抚摸着父亲冰冷的面颊，女儿宏宏不禁想起了他曾说过的话："我在'文革'中写了几百万字，比斯坦尼斯拉夫斯基都写得多，可惜全是交代问题的材料……"这难道不是他一生最大的悲哀？

九泉之下，他又怎么能瞑目！

焦菊隐当了 10 年的反动学术权威，临去世前，工宣队还到病房去逼他交代问题："焦菊隐，你还有最后交代的机会，别把问题带到棺材里去。"在死亡来临之际，焦菊隐轻蔑地笑了，他再不会为"坦白从宽"所诱惑，也再不会被"抗拒从严"所胁迫，那笑容似乎睥睨一切，带着年轻时的狂妄，带着逼人的傲气……而这种笑，竟是人们多年来久违了的。

焦菊隐走了，在悲痛之余，人们有理由为他庆幸，他终于挣脱了禁锢他 10 年的枷锁，终于可以永远不再写交代材料，终于告别了所谓的思想改造，而得以让精神自由自在地翱翔。当灵魂升天的那一瞬间，他一定是十分潇洒、十分自在、十分惬意的。

焦菊隐自编自演自导的人生大戏并未因他的辞世而落幕。4 年后，迟来的追悼会在八宝山革命公墓举行，人们又称他为中国

1

著名的导演艺术家、戏剧理论家和翻译家，是才识渊博的戏剧艺术大师。他活着的时候，没有听到这样的赞誉，作为一个视艺术为生命的人、一个为艺术而疯狂的人、一个自始至终活在艺术世界中的人，他一生中所付出的心血，他的全部甘苦，从这时起，开始被人们重视、理解，人们逐渐发现并越来越认识到，焦菊隐所创造的价值和贡献已经远远超越了他所生活过的那个时代。

话剧民族化，创造具有我们民族气派、民族风格的话剧艺术，建立中国式的演剧（表导演）学派，是中国进步戏剧艺术家追求的目标和理想。在焦菊隐之前有过先行者，在他的同时代和之后也不乏其人。焦菊隐的可贵之处在于，他不仅追求这样的理想，而且在实践和理论方面做出了优异的成果。他亲自导演或指导了一系列精妙的舞台演出，《龙须沟》《茶馆》《虎符》《蔡文姬》《关汉卿》等剧目不啻是那个时代的经典。他在舞台上指挥若定，纵横捭阖，培养出一批优秀的舞台艺术家；他在舞台下著书立说，丰富及完善着中国的戏剧导演理论；他扎根于我们民族生活和传统戏曲艺术的土壤之中，对斯坦尼斯拉夫斯基体系以及其他外国戏剧艺术流派吸收营养为己所用。综观他的代表作品和论著，可以看出，他已经形成了自己独树一帜、光彩耀目的导演学派，并由此而博得了同行的尊重和演员的景仰。

事实上，焦菊隐并不是一个完人，时至今日，人们私下里评论他时，也是毁誉参半。他一生都没有学会圆滑，学会世故，学会宽容。在他身后，他的刚直为他赢得了众多人的敬重；而在他生前，他的刚愎却给他带来无尽的麻烦。他常常在不适合的时间地点，随意抛洒自己的真性情，展示自己的桀傲与不驯，或许，正是这种真性情，使他能发出不同于别人的声音。他从不依附于任何人，也从不仰视某个权威，或许，正是这种独立精神，令其闪现出思想的亮色。他一生追求完美，事业、婚姻乃至生活中的一点一滴都概莫能外，或许，正是这种无法企及的追求最终造成了他的悲剧人生？

追溯焦菊隐所走过的路，似乎可以给我们提供一个耐人回味的样本。他一生虽然结过三次婚，也有很多情人，但只有一个是他的最爱。他爱得那么执着，那么投入，那么深沉、狂热、细致、永恒，直至最后献出了全部财产和生命。这个最爱就是"戏"。

而那个能创造出至真至美至善的舞台，才是他精神最后的归宿！

# 目　录

焦菊隐本名焦承志，虽说出身于书香门第，但其求学之路却布满坎坷。五岁前，焦菊隐由父亲在家自行教读，而叛逆的性格让他不肯上进，无奈之下，父亲只得将其送去王家家馆寄读。因在那里受到同学的欺负和嘲笑，焦菊隐才因祸得福地进了一所正规小学。

# 就读省立第一模范小学

焦菊隐生于 1905 年 12 月 11 日，上有一兄三姊，按焦家男女分别排行，是同辈男性中的老四。父亲焦子柯为这个儿子取名承志，小名熊。他果然如父亲所愿，是家中最争气的一个；而他也不幸被父亲所言中，有着熊一样的执拗与暴躁的脾气。

虽然出身于书香门第，焦菊隐的求学之路却布满坎坷。其实，知书达礼的父亲当然是不反对子女向学的，说到底，所有的冲突和矛盾无非是因为经济上的原因。

焦菊隐9岁时与大哥焦承厚（右）、大姐夫牛子芹合影。时住天津王家大院，正在寄读私塾，因贫穷颇受塾师的歧视

焦菊隐上小学五年级时的作业

焦菊隐 5 岁前，父亲在家里自己教子读书，但焦菊隐背书总是背不下来。一本《孟子》读完，只能背出两句。父亲气得几次把书掷到儿子脸上。其实，焦菊隐并非懵懂，只不过是在下意识中反抗父亲的威慑。教过家馆的父亲对自己的儿子却全无办法，只好把他送到王家家馆里去寄读。在王家

家馆，焦菊隐成绩好，又用功，只不过因为是借读生，总被另眼相看。老师对王家和其他有钱人家的孩子宽容放纵，对焦菊隐却冷淡严格，同学自然就更肆无忌惮地欺凌和嘲笑他。别人家的孩子戏弄他，老师装聋作哑、不闻不问；只要他反抗，就会受到处罚。在一次争执后，老师又偏袒对方，打了他十下手板。挨完打，焦菊隐转头就走，径直去了父亲的字号，哭着喊着不肯再去王家家馆。这样，他才得到了正式进入小学的机会。

这是省立第一模范小学（今天津南开区中营小学），校长叫刘念慈，是一个举人，也是当时主张教育救国论的新派人物。为了贫苦的孩子们能有受教育的机会，学费仅26个铜板，而且直到焦菊隐上了大学，这位可敬的校长还在和教育局进行着他的无声的较量，坚持不涨学费。

这所完全新式的学校，除了语文、算术、历史等一般课程外，还有其他学校所没有的地理、博物、体育、军操、音乐等科目，并给学生设置了"自然试验室"，可以自己动手在试验室里"看看显微镜，玩玩幻灯，做做最简单的试验"。学校规定教师学生一律穿制服上学。历史教师给学生讲义和团，大骂李鸿章卖国；校长卷起袖子和杂工一起做杂务，风雨无阻地在门口接送学生。这一切让从冬烘先生的家馆中挣扎出来的焦菊隐大开眼界，校长给予他们的民族爱国主义、救国图强的教育，和他严肃、认真、刻苦、勤劳的身教，更是给了他强烈的印象。这所学校德、智、体全面发展的教学原则也成了他日后创办第一所新式戏校"中华戏曲学校"时的借鉴。

也是在这所学校里，他开始接触戏剧，参加了学校的新剧社演文明戏。那时候，演新剧被很多人看作不正经，大家都用艺名。焦菊隐的艺名是"菊影"，后来又改为"菊隐"，并沿用了一生。据他回忆，

1920年焦菊隐时年15岁的照片

"当时演戏用的布景，都是请冥衣铺用纸糊的。道具、服装都是借的，大幕是大家凑钱买的一种很厚的'爱国布'。到毕业的时候，戏团散伙，大家把大幕撕成平均的若干块，分给每个成员。我分了一米见方的一大块，之后整个上中学期间，我都用它当书包。"

小学毕业，为了升学，家中冲突又起。父亲坚决要送他去学徒，而他非要继续上中学不可。也难怪父亲，家境贫寒，他一心希望儿子能早日替他分担一些，加上周围的人都劝他，送儿子读中学读大学，花的钱堆起来比他人还高，要是去银号学徒，到上大学的年龄，他就可以当经理了。父子两人为此争执不休。直到大哥答应负担弟弟的学费，焦菊隐又找了父亲的表哥，即父亲当时的上司、总账王溥周说情，父亲才无可奈何地答应了。可是，在焦菊隐上中学的几年中，父亲从不理他，有时火上来了，随便抄起什么东西就向他头上抛过来。

# 他毁了 11 只兔子

1919 年，焦菊隐进入了天津"直隶省立第一中学"，俗称"官立中"，因为学校是在城外西北角稽古寺内的藏经阁旧址上改建的，此阁檐角悬挂风铃 48 只，微风吹拂，远闻数里，又被当地人称为"铃铛阁"。那一年，正是"五四"运动的同年。"官立中"和"南开"是天津学生运动的两大主力。周恩来是当时南开中学的学生领袖，"官立中"的学生领袖则是于方舟和韩致祥。他们领导的学生运动给了焦菊隐很大的鼓舞。在他们的带领下，焦菊隐的生活范围扩大了，他充满兴奋地投入了活跃的学生活动，上街游行，办刊物，组织读书会，演戏，参加辩论演讲。在那一阵，他读了很多"新思潮"的书刊和文章，如《新青年》《思维术》《社会发展史》等。他后来回忆道："我从来没有看见过一个人为了民族和人民的利益，那样不怕强暴，勇往直前，带动全校，起来奋斗的。我模糊地认识到，人是应当为民族、为人民而工作的。"因此，在于方舟、韩致祥等老大哥离校后。他就接手了学生自治会的事宜。

那段时间的焦菊隐，是一个热情奔放、深受"五四"新文化激励的年轻人。他的生活是充实健康的，性格也变得乐观开朗起来。在学校，他是个活跃人物，不仅功课好，各种学运活动也不落人后。琴棋书画、吹拉弹唱，样样都有两手；回家时，总是轻松地和弟妹们玩成一团，带着他们吹笙吹笛子，唱歌演戏，给他们画像。上初中时，手工课让每个学生用泥雕一只兔子，他雕一个毁一个，大家都在旁边嚷

1923年春焦菊隐（三排左二）与中学同学合影

嚷，别毁了，别毁了！那么像的兔子怎么毁了？他不听，一直毁了11只兔子，直到第12只才满意。他后来说："他们只懂得那11只毁了的兔子形似，我要求的不但是形似，而且要神似，这才够得上是艺术品。"

他的堂弟焦承恪回忆起小时候，说："那时熊哥是我们崇拜的对象，总是给家里带来生气和欢乐。有时我们在家吹拉弹唱，邻居的孩子也想参加，而我们大门紧闭，结果他们就用粉笔在大门上写'焦家死人了'。"

焦菊隐开始写白话诗也是在这个时期。和当时的大多数新文学青年一样，他的白话诗既有朦胧的爱国爱民思想，有强调个性解放、民主思想的篇章，也有内容空泛、无病呻吟的作品。不过在当时新文化革命的口号下，只要是白话的，就是进步的。所以他的散文诗不但在天津发表，也在北京的《晨报》和蔷薇社的刊物上发表，因此认识了《晨报》的主编孙伏园、邵飘萍以及石评梅、陆晶清等进步青年，并和他们建立了多年的友谊。后来又与赵景深、于赓虞、万曼、孙席珍等人共同在天津南市东兴街成立了绿波社。绿波社曾出版过不少书籍、期刊，在新文化运动中记录下了它的一页，而焦菊隐也因此得到"天津诗人"的称号，他后来出版的《他乡》《夜哭》诗集都是这个时代的作品。这些诗，正如焦菊隐在1927年《夜哭》再版自序中所评述的："只是些微风细雨之夜、伴憧恍孤灯之寡妇之啜泣声，而非号啕的勇士的泪痕。"这也反映了焦菊隐对自己诗歌创作的认识。

中学即将毕业时，焦菊隐又一次面临升学大关。问都不用问，家里是绝不会支持他上大学的。这时，大哥焦承厚不知是丢了差事，还是出了什么事，反正是不光不能帮他，还拉了一笔账，要家里帮他去填窟窿，妹妹也面临失学危险。他在日记中写道："今日赴父亲处要三块，父亲不快，我非常快快。妹妹的学上不了，尤使我不快！同院的李某不讲理，欺负小孩子，与其打起来！"这个时候向家里提出上大学，无疑自讨没趣，焦菊隐只能自己为自己筹划将来。

他的目标是新成立的南开大学，因为那里提供助学金。在高二那年，他从旧式四年制的"官立中"转入"三三"制的汇文中学，希望能以同等学力报考南开，结果没有成功。他正在后悔不该转入这所死气沉沉的教会学校时，意想不到的，另一个机会来了。

汇文中学当时正在争取燕京大学的承认，希望今后汇文的毕业生可以不经入学考试直升燕大，而燕大的条件是，当年汇文保送的学生必须录取半数以上，而且录取后的一年内，分数不低于 1.5 分（满分

1923～1924年在汇文中学的焦菊隐，正式改焦承志名为焦菊隐，并沿用一生

1924年与燕京大学同学合影，后排左一为房兆楹，左二为焦菊隐

为 2 分）。于是，汇文决定当年准予高二的两名学生焦菊隐与房兆楹提前毕业，保送他们去燕京报考。这一次，焦菊隐干脆不问父亲，偷偷当了衣服到北京投考。

# 走进燕京大学

1924 年 8 月 21 日到北京时，暴雨方住，沿途大水，一片汪洋。晚上住在汇文中学的朋友处，焦菊隐在日记中写道：

> 天气既热，夜间臭虫又咬，浑身是伤，夜起五六次，捉的
>
> 虫子三四十个……我夙未受过此苦，此生平第一次也。

9 月 2 日是燕大的考期，共考 3 天，计有英文、国文、历史、数学、物理 5 门。因燕大对英文非常注重，所以考英文特别难。9 月 3 日上午 9～12 时是笔试，下午是几小时的会话。考完当天，就有一个考试委员会的委员告诉焦菊隐，他和房兆楹的成绩都不错。

9 月 10 日学校发榜，焦菊隐和房兆楹都被录取了。在那一年的日记扉页上，焦菊隐记录了当年的"十三要事"，其中"要事十"即"九月十日，被北京燕京大学取录为文科正科一年生"；"要事十三"为"十一月七日，在燕大文学会报告《易卜生及其创造》"。一个入学不足两个月的大学新生，已开始发表自己在文学上的见解，其今后能出类拔萃已见端倪。

这本日记，是焦菊隐留下的唯一一本完整的日记，事无巨细，几乎日日不落。可以看出，从中学时代起，他就养成了良好的记日记的习惯。可是，焦菊隐去世后，家人搜遍了他的遗物，除了几页残篇之外，再也没找到第二本日记。那些文字无疑是曾经有过的，但令人伤感的是，它们都已经随着逝去的岁月化为雪泥鸿爪，在严酷的时光烤炙下，融化得无影无踪了。

1924 年秋天，焦菊隐迈进燕京大学的门槛。临行前，父亲给了他一只祖传的金挂表，以志纪念。这只表，他后来一直日夜戴着，在困难时给过他很多慰藉。再窘迫的日子，也没有动过典当它的念头，但最后在"文化大革命"时被抄走了。他曾流着眼泪对第二任妻子秦瑾说："他们抢走的不是我的表，而是抢走了我的精神支柱。"

他所重视的并非仅是祖传之物。这只金表的意义在于，它代表了焦菊隐人生的第一次重大选择 —— 违背家庭的意愿，走上学者之路。这次选择决定了他一生的命运，也一直支撑着他在自己所选择的道路上努力求索。

进入燕京大学后，焦菊隐又活跃于学生运动与社会活动中。他的生活来源是给孙伏园主编的北京《晨报》副刊写文艺稿及评论，挣取微薄的稿费；后经远亲苏七叔的介绍，又到祖父所在盐号的东家查弼臣家教家馆，每月工资 20 元。这样，他除了维持自己的求学外，还把失学在家的妹妹焦承霭接来北京，供她继续读书。

后来，焦菊隐在邵飘萍的帮助下，主编《京报》副刊第六版"文艺周刊"。这个时候北京的学生运动如火如荼，先后有刘和珍、邵飘萍被杀，掀起了热血青年们更大的激愤，他们游行、示威、写文章，反对军阀的黑暗统治。各大学都互相串联，提倡改造社会，对黑暗势力进行抗争。在这种革命热情的召唤下，焦菊隐把在大学主修的欧洲语系改为主修政治系，这表示他将终身爱国、爱民、改造国家的态度。这时他与各大学的学运学生们串联并写了很多散文诗，翻译国外作品，编辑《燕大周刊》，逐渐承担了学生活动和学生运动的主要工作，还参加了低班同学章力组织的读书会，每晚学习《资本论》《共产党宣言》等。他也随着各校学生组织的游行示威，目睹了许多同学被军阀政府、警察迫害、枪杀的悲剧，思想震动很大。这与他小时的生活

1925年燕京大学校友募捐委员会合影，后排右三为焦菊隐

环境与遭遇是很吻合的，他要改变现状，要革命。在大学期间，他翻译并出版了印度诗人迦梨陀娑的诗剧《沙恭达罗》、意大利剧作家哥尔多尼的喜剧《女店主》等；在剧作家的研究方面，他还发表了两篇重要的论文《论易卜生》和《论莫里哀》。

# 石评梅和林素珊

　　然而，焦菊隐在大学期间和大学毕业后直到结婚成家，是有着明显变化的。他从开始的热衷于学生运动到后来的疏远政治，其原因可能是非常复杂的，不能不提及他所交往的两个重要女性 —— 石评梅和林素珊。

　　石评梅，是焦菊隐青年时的挚友；林素珊，是焦菊隐的第一任妻子。两个人生活在同一个时代，同是北师大的毕业生，但却是完全不同的人，选择了完全不同的人生道路，也造就了焦菊隐前后两种不同的生活态度。在石评梅和林素珊身上，折射出焦菊隐命运的变幻。

　　早在天津读高中时，焦菊隐就已通过文学社团的活动结识了石评梅。评梅是个典型的新女性，成熟干练，热情豪爽。她当时已从北师大毕业，在北京第一女子学校任教，在新文学界也已崭露头角，有了相当的成绩。焦菊隐爱慕她的文采，钦佩她的为人，而评梅也拿他当作自己的弟弟，在信中称他为"菊弟"，而自称"梅姊"。他们不仅在信中谈文学、谈时政、谈家庭，也常常推心置腹地谈彼此的生活

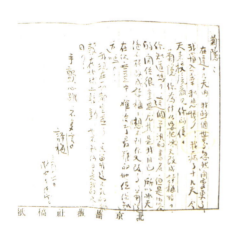

20世纪20年代石评梅给焦菊隐的信

和苦恼。焦菊隐到北京以后，他们更是常常见面。他们之间的通信从1924年初开始，直到1928年评梅去世。如今，焦菊隐给评梅的信早已佚失，而评梅给焦菊隐的15封信件却历经战乱和"文化大革命"的浩劫奇迹般地保存了下来。

在他们交往的这四年中，身边发生了很多事情。先是1925年评梅的恋人高君宇去世，再是1926年的"三一八"惨案，评梅的好友刘和珍牺牲，这使评梅心如刀绞。在给焦菊隐的信中，她多次劝他不要参加团体活动，其实，作为高君宇的爱人，评梅的政治倾向当然是不言而喻的，但比之高君宇和刘和珍全身心奉献的政治实践，她则是将全部才情和爱憎投入文学的天地，只有驰骋在那种更感性的世界里，她才能找到自身存在的价值。她并不惧怕为真理去赴死，但她却不愿意自己周围的朋友都陷入险境，所以她劝她的菊弟专心学业，珍惜生命。何况在这混乱的社会中，一些团体活动往往是鱼龙混杂的，一个没有多少社会经验的青年学生，光凭着热情的向往，又怎能分得清各种各样的人及各式各样的目的？

焦菊隐心中是很崇拜石评梅的。他曾对他和评梅共同的好友陆晶清说过："我崇拜梅姐简直到了爱她的地步。"他也对秦瑾讲过评梅的故事："有一次我从天津去北平看梅姐，她拉我去滑冰。我是一个大近视眼，戴了眼镜没法滑，只有坐在旁边看。她穿着白毛衣，戴着白帽子，滑得那么潇洒、那么飘逸，好像天上飞下来的白天鹅，我真的看醉了。"

他从未对评梅提过感情，不仅是因为评梅比他大、比他成熟、比他有成就，更是因为他了解评梅，知道在她心里容不下高君宇之外的任何人。高君宇生前，评梅由于过去情路上的挫折，始终迟疑着，不敢接受他的爱，直到高君宇死去，她才如大梦初醒，悔之莫及，痛不欲生。焦菊隐和陆晶清是当时她身边最亲近的人，也最了解这一切，他们无法安慰评梅，只有陪伴在她身边，陪着她哭，陪着她醉。

在高君宇逝世周年前，石评梅的心情又跌到了谷底。焦菊隐和几个朋友瞒着评梅，去陶然亭给高君宇墓上植树，却被评梅碰到了。回来后，评梅一连给他写了几封信，向他宣泄无法对外人倾诉的伤痛。

高君宇死后，评梅只活了短短的三年。这三年中，在人前，她依然是个坚强的斗士，而焦菊隐知道，她在人后，过的是以泪洗面的日子。她未能从失去高君宇的哀伤中真正恢复，时间越久，她的思念与悲恸反而越深，1928 年 9 月 30 日，石评梅因脑膜炎病逝于北京。也许应该说，她真的是泪尽而去了。她死后，葬在陶然亭高君宇的墓旁，完成了她"生前未能相依共处，愿死后得并葬荒丘"的心愿。

21 年后，饱经生活颠沛的焦菊隐携妻子秦瑾回到北京。第二天一早，他就带着新婚妻子去了陶然亭。这是他第一次，也是唯一一次带妻子去公园。他径直走到高君宇和石评梅的墓前，伫立了很久，对妻子说了一句："评梅就葬在这里，一晃 20 年过去了！"

过了 26 年，焦菊隐也离开了人世。家人在他的遗物中发现了一个小小的信封，上面工

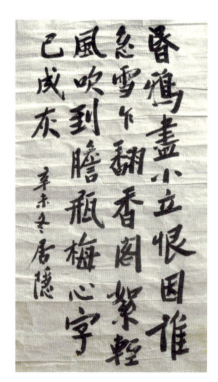

1931年焦菊隐书，瓶梅心字已成灰

工整整地写着"评梅唯一的笔迹"。里面是50年前评梅寄给他的一张圣诞卡，评梅在上面写着：

菊隐：在这里上帝赐给你聪颖的智慧，和美满的幸福！

评梅

这张卡片被焦菊隐细心地保存了50年。是为了纪念他永远的梅姊，也是在祭奠自己一去不复返的、热情真诚的青年时代。

林素珊原名林淑慎，她本来也是燕京大学的学生，在1925或1926年转入北师大，等于是从高一等的学府转入了普通学校，这样的事是很少有的。多数转学的学生不是成绩跟不上，就是家境不好。而林素珊看上去两样都不像。当时北师大的学生都对她印象很深，因为她打扮得非常漂亮，很神气，英文又好，看上去很娇贵，很有外国派头，在北师大一群清贫的学生中显得十分引人注目。她和焦菊隐谈恋爱时，评梅并不赞成，认为两个人性格不同、气质不同，不是一样的人。当时北师大学生中基本分成两派，一派多半是穷学生，对社会不满，凭着一股年轻热

石评梅送给焦菊隐的圣诞卡

情，组织参与各种运动，游行、串联、抗议、写文章，来往的人也都是当时新文化运动的一批人。焦菊隐由于和她们较熟，观点也比较一致，便成了这一派的笔杆子。另一派是大小姐派，讲究穿戴，结交权贵，林素珊就属于这一派。焦菊隐与林素珊恋爱后，与穷学生一派日渐疏远。

这两个个性、作风都截然不同的人是怎么会陷入热恋，并很快订婚的？其中过程恐怕已没有人能告诉我们了。有人说林素珊嫁给焦菊隐为的就是李石曾，这不过是闲猜妄测而已。至少在她与焦菊隐结识的时候，李石曾还没有出现在焦菊隐的生活里。

李石曾是国民党的四元老之一，他一生创办了许多公益事业，于1915年成立的"留法勤工俭学会"在当时已逐渐形成全国规模的热潮。他是清朝大学士李鸿藻的五公子。李鸿藻是咸丰朝的进士，任过同治的帝师，当过军机大臣，是晚清显赫一时的重臣。实际上，焦菊隐是在上大学的后期才和李石曾有所往来的。当时他管李石曾叫二舅，但李石曾并不是他的亲舅舅。李石曾的夫人是天津姚家姑奶奶，而焦佑瀛的夫人也是姚家的姑奶奶，但辈分不同。李石曾的父亲李鸿藻与焦佑瀛在清末同朝为官，他俩既是姻亲、挚友，又同为汉官，所以交往极深。有人说，焦佑瀛先被充军新疆而后留在天津是因为李鸿藻在慈禧面前说了好话，这也不无可能。所以，李鸿藻的儿子李石曾能关注焦家后代，也在情理之中。焦菊隐

焦菊隐与林素珊大学时的合影

那时不过是一个小有才名的穷学生，林素珊为了维持与他的关系，付出过很多努力，也多次找过李石曾。因为焦菊隐后来确实是反悔了，一心想摆脱这门婚事。

1924年摄，对改革中国戏剧有共同幻想的挚友——熊佛西

1928年焦菊隐大学毕业照

1928 年夏，焦菊隐与林素珊同时毕业，也同时面临失业。因为在他即将大学毕业时，熊佛西从美国回来，担任国立北平艺术专门学校戏剧系主任兼教授，焦菊隐和他的同学们组织演出了熊佛西的多幕话剧《蟋蟀》，讽刺抨击了争权夺利的军阀混战。演出得到广大师生们的欢迎，但触怒了军阀张作霖，艺专戏剧系被迫解散，焦菊隐和熊佛西均以"宣传赤化"罪名遭通缉，两个人躲到了一个美国教授家才幸免被逮捕。等到事件平息后，同学们都已四散，焦菊隐顿时没了主心骨，在彷徨无计中，他想起李石曾承诺过要送他去法国勤工俭学，于是写信给在上海的李石曾，要求出国留学，借此远走高飞。

# 结　婚

　　林素珊知道这时焦菊隐已不打算结婚了，并想借留法与她分手，所以也开始四处活动，希望能阻止焦菊隐。她以前通过焦菊隐认识了李石曾后，与李家常有走动。这时她找到了李石曾的夫人，谈了自己的苦衷，求李帮焦菊隐在北平安排工作，不要让他出国。李石曾于是给当时的北平市市长何其巩发了电报，推荐焦菊隐做中学校长。当时各中学都已开学，校长人选已定，只有二中因为新任校长为学生所赶，可能辞职另派。何其巩不愿得罪李，便因人设事，为焦菊隐挂了一个"三民主义教育指导委员会主任委员"的名义，好一边拿薪水，一边等空缺。一切都安排妥了，焦菊隐才被何其巩找去谈话，通知上任，而林素珊则借机提出结婚。焦菊隐当然不愿做中学校长，也不愿结婚，可是留法已经不可能了，一时也想不出其他的出路。他一拖再拖，林素珊却等不及了。他们已经订婚数年，如果男方单方面解约，对女方会是极大的难堪，即使新潮如林素珊也是不能承受的。她先找了李石曾，又去找了焦菊隐的父亲，要求他们敦促焦菊隐完成结婚仪式。焦子柯为此把儿子狠狠

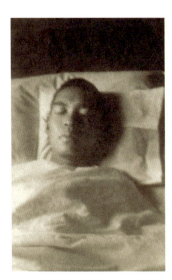

1928～1929年在协和医院住院时的焦菊隐

地教训了一顿。

正在这时，石评梅去世了。失去了梅姊的焦菊隐，似乎也失去了自己的精神支柱。在哀悼评梅的泪水中，他接下了二中校长的聘书。他的内心无比孤独沉痛，一方面，他恨自己背叛了情同手足的梅姊；而另一方面，他又无法挣脱生活的胁迫。但更为重要的是，一种对政治的恐惧和失望在他心中慢慢滋生，尽管他曾一度热衷于政治，但那毕竟带有一种青年人的狂热和无知，此时，在目睹了那么多的流血和死亡之后，他看不到自己的出路在哪里。两种世界观的撕裂、两种感情的搏斗，使这个一直血压偏低、才二十出头的青年竟突发脑溢血，昏迷了多日。

焦菊隐在协和医院住了一年多，几次生命垂危，话都不会说。而且医嘱出院后一年内需要静养，不能工作，连报纸都不能看。李石曾派人到医院看他，提出只要焦菊隐同意到他即将创办的国立北平研究院工作，他即时便开始发薪，一直到焦菊隐完全恢复，都可以不必上班。而且，焦菊隐住院期间高额的医疗费，也是李石曾为他付的。此时，焦菊隐已经没有了其他的选择。

病愈后的焦菊隐与林素珊结婚。焦菊隐右侧为伴郎徐作钰，林素珊左侧为伴娘马文采

婚后，焦菊隐夫妻与林素珊的妹妹合影

病愈后，焦菊隐与林素珊在北京饭店正式结婚。婚礼场面盛大，宾客有几百人，由国民党元老吴稚晖证婚。天津焦家为了迎接新媳妇进门大肆装修，忙累了半个多月，孩子们戏称："元春回大观园了。"焦菊隐后来告诉文怀沙，结婚当夜，他大哭了一场。他心中在想什么，无人得知，但他从此像变了一个人一样。

结婚后，他的生活方式也完全改变了。他们夫妻和林素珊的母亲、妹妹同住，林的母亲持家，一切都按林家的习惯。据焦菊隐的同学徐作钰讲，他们那时的生活是相当奢华的，出入都有包车。冬天，林素珊嫌煤炉不够暖又脏，特意在屋子里安装了暖气。家里常常有人打牌，周末晚上必出去跳舞。结交的人也不同了，过去的穷朋友换成了一批批的头面人物。

焦子柯当初是出于道义，硬逼着儿子成了婚，但古板老派的他大约也看不惯儿媳妇的这种派头，虽然同在北平，却从不登儿子媳妇的门，依然住在查家店里。焦菊隐曾经把两个侄女世湘和世漪接到北平上戏校，世漪肺病死后，焦子

1928～1929年二中时期的合影

北平特别公立第二中学师生合影

柯就逼着世湘回了天津。

1930年，李石曾回到北平，找焦菊隐谈话，要他筹办一个戏曲学校并担任校长，这就是下面要说到的中华戏曲学校。这样，从二中到戏校，焦菊隐一直都专注于办学，抓建校制度、校风和教学质量。每一个职务，即便是二中校长这样明知是过渡性的工作，他都是极其认真地当作一项事业去干的。当时的教育局局

林素珊与毛毛

长李泰汾对焦的看法是：工作不错，有能力，有办法。在二中的一年时间，他就完成了两件大事：先是组织修建了原来的老旧校址；后又调整调转了一批教师，刷掉了一批不称职的教员。焦菊隐曾对李泰汾说过，年轻人不做事是不行的。因此李对他的印象很好，认为他虽是上头指派下来的，却是个实干的人。

林素珊在二中和戏校期间都任副校长。焦菊隐的精力全部放在教学上，所有的行政事务都由林素珊一手打理。虽然因此引起一些教职员的不满，认为林跋扈，大权独揽，事事都要她说了算；但平心而论，在那混乱的社会中，没有林素珊圆滑的社交手腕和运作能力，光靠书生气十足的焦菊隐是办不成事的。尤其是中华戏校的筹建过程困难重重，资金的筹措、人事的纠纷，全靠林素珊与官场应酬、与董事会斡旋。戏校创立初期，由银行界每月出资600元，大约10个

月后，就停止了。在学生能够公演有收入之前，有一段青黄不接的时期，是林素珊变卖了娘家陪嫁的首饰，加上用焦菊隐在北平研究院的工资作担保，向银行借了一笔钱才撑过去的。

1933年，焦菊隐在建校方针上与李石曾产生重大分歧，无法继续共事。到了年底，李石曾决定由董事会送焦菊隐去法国留学，并同意林素珊同行。1935年赴法前，他们的第一个孩子毛毛（焦世缨）夭折了。焦菊隐一生都对这个孩子怀着歉疚，他曾对第二任妻子秦瑾说："我为了办戏校，每天要看戏，接触各种戏曲、曲艺，每天回来很晚，毛毛已经跟阿姨睡了，客厅里一桌子麻将。我总是不与他们招呼，一个人上楼，读书或睡觉。我觉得对不起这个孩子，我爱他，但从没关心照顾过他。"

焦菊隐和林素珊的婚姻维持了大约15年，实际上他们的夫妻关系早在1937年焦菊隐从法国回国时就已名存实亡了。当时林素珊先回国，生了第二个孩子贝贝（焦世绥），焦菊隐回国后则一个人去了大后方。开始，林素珊还不断给焦菊隐寄去贝贝的照片，后来，大概感到无法再共同生活下去了，林素珊才终于承认，贝贝早已病死，寄去的照片都是借别人的孩子拍的，无非是希望靠这个孩子挽回婚姻。

抗战胜利后，1946年焦菊隐回到北平，与林素珊正式办理了离婚手续，很平和地分了手。林素珊很快就嫁给了李石曾。

一九三〇年焦菊隐筹办中华戏曲学校并担任校长，是他戏剧理想的第一次真正实践。当时的梨园界传统的教学方法是师徒制，磕头拜师，口传心授。而焦菊隐要做的是建立一个真正意义上的正规学校。从废除拜「祖师爷」制度，到废除饮场、检场、捧角儿等陋习，再到设立教务处、实习处等八个部门，课程设置上，除了专业，还要兼修国文和外语，招生男女兼收，教学各派兼学。

# 废除拜"祖师爷"制度

中华戏曲专科学校成立于 1930 年，原名北平戏曲专科学校，附属于中华戏曲音乐研究院。这个研究院实际上是个空头机构，李石曾的设想是在这个机构下，以中华戏校为试点，逐步在各地建设起一套新式的戏曲音乐教育体系。20 世纪 30 年代初期的中国，还是个半封建半殖民地的社会，封建观念和习惯势力在戏剧界仍然是根深蒂固的。梨园界传统的教学方法是师徒制，磕头拜师，口传身授。当时仅有的两个可以称之为戏曲教育机构的组织斌庆社和"富连成"，也基本上是遵守旧制的科班，还不能称之为"校"。可见在当时成立一个新式的戏曲学校绝非易事，需要一个有魄力打破常规、推陈出新的人。在这种情势下，焦菊隐被推上了前台。

1930 年的《北洋画报》报道：

> 李石曾先生及教育界之先进，现以改良中国戏剧编制，提高中国戏剧地位，开创中国戏剧教育为己任，乃有中华戏曲学校之……创办为日不多，已具相当成绩，是诚可注意之事。戏剧界之隆替，当以次校成败卜之。章校者焦菊隐，燕京大学毕业生，颇负文名，对中西戏剧均有研究。其有适于将来之戏剧，盖可必矣。

据 1932 年刊行的《中华戏曲专科学校一览》记载，中华戏校1930 年"六月筹建，七月招生，八月续招新生，九月一日正式开课"，筹建时间只有短短的三个月。焦菊隐 —— 这个开先河的洋学生一出手就让所有的人目瞪口呆。

首先，他废除了旧剧界一贯的拜"祖师爷"制度，引起了舆论界的一场轩然大波。祖师爷，又称"老郎神"，相传是唐明皇的化身。从唐朝起，就是梨园界的守护神。每一家戏园的后台都供奉着祖师爷的塑像，无论多大的"角儿"，上台前都要向祖师爷上香礼拜，不然就会给戏班带来灾难，而且会为同行不齿。而焦菊隐竟敢公然宣布祖师爷是不存在的，戏校决不供奉不存在的神。就是外出演戏，后台供着祖师爷的神像，戏校学生也都遵守校规，一律不拜。学校礼堂挂的是大幅的孙中山像，全校大会唱的是国歌。所以，当时社会上讥笑戏校的学生是拜"挂红扎的祖师爷"学出来的。焦菊

中华戏校学生

中华戏校学生习武

中华戏校的课程设置表

隐不仅不为所动，日后更进一步废除了"饮场""检场""捧角儿"等等多项陈规陋习。他的固执和倔强从那时就已经出了名。其次，学校所有的机构建制和组织建设都是按一个正规的学校规划的。当时戏校设立了8个部门：实习处 —— 负责学生学戏；教务处 —— 负责学生

的文化教育;戏曲改良委员会 —— 负责修编剧本;音乐科 —— 负责声乐改革;会计处 —— 主管财政收支;事务处 —— 主管学生伙食、衣服、交通工具;训育处 —— 主管学生生活;校长办公室 —— 监督各处的运作。学生着装是统一校服,戴铜制校徽。男生夏天白色中山装、戴大檐帽,冬天黑色中山装、披斗篷,一律光头,不许留发;女生月白上衣、黑裙,留短发。学生宿舍上下双层床,寝具由学校统一发放。每天学生起床后,轮流值日,所有的床铺都折叠整齐,罩上白被单。在课程设置上,除了专业课,还要学习国文和外语。这与人们印象中"家贫无奈,才送孩子学戏受罪"的旧式戏班教育已不可同日而语。

但戏校到底不是普通学校。有两件事让焦菊隐领教到,习惯势力和现存制度不是光靠个人的勇气和魄力就可以轻易克服的。这两件事,一件是招生时的"男女兼收",一件是学生招进后的"各派兼学"。第一件事,他坚持了,也做到了,至少在他主持戏校期间,他是成功的;第二件事,他做出了让步,在专业教育方面,把戏校办成了半校半班的形式。他的计划是在将来逐步从学徒制向正规的职业训练过渡,但最终结果是,他被人取而代之,退出了戏校。

在严格的管理下,戏校的生活秩序井然,越轨的事情从未发生过。但戏校招收的学生大的不过十五六,小的才七八岁,焦菊隐也知道,这些孩子毕竟缺少家庭温暖,所以他有意和学生们格外接近。他每周有五六天的时间都是和学生分组吃饭,或轮流带他们去小饭馆,边吃边闲谈。周末,则分批接学生到家里度假。于是,周末在校长家做客,也就成了焦菊隐主持戏校期间的"规矩"之一。

# "飞机"校长

戏校的很多学生都记得在校长家度过的周末。校长家收藏了大批的唱片,有西洋歌剧,有曲艺,有地方戏,京剧的唱片更多,生旦净末丑各个行当都有收集。当时焦菊隐自己也在恶补京剧,发誓要在最短时间内成为内行。他喜欢和学生一起边听唱片边研究探讨,有时候还来上一段。王和霖记得,有一次焦菊隐学唱小生戏《罗成叫关》,遇到高腔使足了力气也唱不上去,引起哄堂大笑。剩下的时间,焦菊隐就给他们介绍外国文学戏剧,搬出外国的剧场资料,讲解灯光布景,开阔他们的眼界。学京戏而能了解莎士比亚、知道《哈姆雷特》剧情的,在当时,中华戏校的学生应为唯一。晚饭通常是在校长家吃的。焦菊隐和林素珊轮流下厨,做菜给学生吃。王和霖多年后还记得,最爱吃校长家的红烧鱼。傅德威也记得,为了表扬他《战滁州》演得好,校长把他叫到家里去,奖励给他一副"白满"(白髯口)。傅德威说:"他是个性格梗直、脾气倔强的人,尽管脾气不好,他有美德。他心里有什么就说什么,从来不说违心的话,不会阿谀逢迎。从他到了话剧界后,见面的机会少了,可每次碰见,我们爷儿俩都很亲热,谈起没完没了。我们在一起话可多了。"他记得他和焦菊隐的最后一次见面是在骡马市大街的一个电车站上,他们站在车站上谈了很久很久,不知放过了多少辆车才依依不舍地分了手。没想到这一别就成了永诀,连最后告别的机会都没有了。事隔55年,傅德威提起这些往事还掉眼泪:"哪怕再有一次机会,能让我们爷儿俩像从前一样

中华戏校职教员学生合影，后排右一为焦菊隐

坐在一起聊啊聊，该有多么好！"

从 1930 年到 1935 年初，焦菊隐把整个的精力和全部的时间放在学生身上。主持戏校三四年中，他每天上午到各"说戏组"去看教师授课情况，下午或晚上有演出时，他每场必到，夜里也要起来几次，查看值班舍监是不是对孩子们的冷暖当心，有没有学生踢了被子。翁偶虹说他"亲自查课，监督排练，整个上午，走遍每个角落，而且步履敏捷，行踪无定。学生们在生行教室看见了他，在旦行教室也看见了他，一眨眼又在排练场发现了他。惊其神速，背地里都叫他为'飞机'校长"。

爱归爱，关心归关心，他治校却极严，规矩纪律一经订立，任何人不得违反。很多教师和学生都受过他的处罚，所以大家都有点怕他。曾经有一个学生，因为违反校规随地吐痰，被罚站在太阳底下，直到痰干才许离开。随地吐痰好像已经成了中国人的"国粹"之一，直到今天，都屡禁不止。在六十多年前，就词严色厉地把它当作件大事来办，也难怪有人会觉得他太过分。

# 焦菊隐"打鬼"

建校初期，校园里发生了很多怪事，一会儿闹鬼，一会儿闹狐狸精。英文老师向他请辞，说是每晚屋顶上石子像下雨一样往下撒，吓得她整夜不敢睡觉；舍监深夜开门换班，出现一个毛茸茸似熊非熊的东西，张开血盆大口向她扑来，被吓得晕倒，第二天也来辞职；库房的房檐被莫名其妙齐刷刷地烧掉了一溜；还有人传半夜在校园里看见拖着长舌的吊死鬼，看见狐狸像人一样坐在院里拜月亮。戏校最初的校址设在崇文门外木厂胡同五十六号，那是一个三进的大宅院，相传是北京的"四大凶宅"之一。出了这么多怪事，鬼宅之说更是甚嚣尘上，一时人心惶惶。

焦菊隐一生不信鬼神，他心知这一定是有人在恶意制造事端，但查不出究竟，就没法让人安心，晚间的课程和排练也都大受影响。那一阵，他常常整夜不睡，在院子里到处巡视。一天夜里，几个巡夜的老员工走到库房门口，看见屋里火星

曾经闹鬼的戏校回廊，照片左一为焦菊隐

闪闪，吓得不知所措。进去吧，怕冲撞了大仙；不进去吧，又怕真出了事没法交代。最后几个人合计，同时冲进门去，大吼一声，定住神一看，却是校长坐在黑洞洞的屋里抽着烟"等鬼"。又过了几天，焦菊隐夜里巡视，走到游廊时，突然头上重重挨了一拳。他打开手电，发现廊子上匍匐着一个人。提起手电一照，原来是平日里爱在同学中散布闹鬼的一个学生。第二天，焦菊隐就召开全校大会。宣布这个学生装鬼吓人，并让他当众向大家交代事情的始末。焦菊隐心里清楚，所有的事件不可能都是一个小孩子所为，他不过是借机起哄捣乱而已。焦菊隐这样做，不过是为了安定人心，让大家相信世上是没有鬼的。但说来也怪，自从处理了这个学生，好像真就平静了下来，再没听说发生什么怪事。

# 戏校"拜师"

更为困难的是如何把戏校办成一个博采各家之长，又不拘泥于某一派风格的学校。焦菊隐一直都有一个理想，希望这个学校是一个被整个戏剧界接受的、为整个戏剧界培养人才的学校；希望学生们都能成为有思想、有事业心、有文化知识，能编、能导、能演、能理解剧本的高水平的演员。但真正实行起来并不容易。

据傅德威回忆，当时为学生们请的文化老师很多都是本来教大学的老师，如胡倩、吴晓铃、华粹琛、郭在明、徐作钰等人；专业教员更是请遍了当时的名角，王瑶卿、程砚秋、文亮臣、鲍吉祥、高庆奎、曹心泉、沈三玉、包丹廷等都曾担任过戏校的专业教员。傅德威说："当时所有的好演员，哪怕只有一出戏好，也花钱给我们请来，使我们受益不浅。为了让我们见到好戏，学到真东西，这些名演员什么时候有空就叫我们什么时候去学。在那个时候，我们学校就已经开始组织学生观摩了，哪里有好戏，就开着车，由老师带我们去学习。程砚秋、马连良、梅兰芳等老师的戏，我们都看过多次。"

焦菊隐和林素珊是所谓的洋学生，洋学生办戏校是头一遭。为了改革传统戏曲，焦菊隐必须先学习戏曲，摸透戏曲的规律。为此，他曾先后从曹心泉学习昆曲小生，从冯惠林学京剧小生，从鲍吉祥学习京剧老生。他每天看各个流派的戏，包括地方戏、大鼓、评弹、快板、相声。他说每个剧种之所以能存在，而且得到不同阶层观众的喜爱，一定有它的特长。然而，焦菊隐的唱功大概是没法恭维的，连一向对这个青年校长推崇有加的翁偶虹都说他的嗓子"不能尽如人意"。票戏虽然不够格，但是通过学戏，特别是大量阅读和研究各个朝代和时期的剧本、传奇，使他对戏曲的各行各派、对戏曲的规律和传承有了较深入的认识。他深深地被中国戏曲的意境和它特有的程式迷住了。

他发现，戏曲确实有它的特殊规律，所谓唱做念打、手眼身法步，要培养出四功五法、昆乱不挡的学员，没有传统的一对一教学是不行的。各个流派独具特色的唱功、做功也是百年来千锤百炼、一点一滴积累下来的，无法从统一教学中继承和发展。为了学生们能学到最好的东西，从1933年起，他开始请各派名家如尚小云、荀慧生、杨小楼、王瑶卿等分别亲自"说戏"，排演他们的"本戏"，或者先由戏校的教员把戏排好，再请他们来指点改正。焦菊隐不仅对这些老师礼遇有加，而且很能照顾他们的生活习惯，机动地安排学生的上课时间。有些老师如王瑶卿，平日深居简出，不惯到学校教课，焦菊隐就安排训育员带学生到他家上课；有些当红演员时常有演出，作息时间日夜颠倒，就在他们下戏后，把学生送到家里去学戏，有时学到夜里一两点。焦菊隐用这样的方式邀到了很多京剧界的著名演员来给戏校帮忙，他也用这个方式告诉大家，这个学校不是为哪一派办的，以便能得到广泛的支持。

当时戏校约到的旦行名演员较多，唯独老生一行不容易请到人。焦菊隐曾说："名老生如余叔岩，坚持'不传徒弟'，王凤卿，我们也请了，但他是汪派，路子太窄，学生的嗓子条件也不够。一度很著名的老生王荣山，就在我们校内。高庆奎因鸦片烟吸得很凶，又正在台上很红，无暇教课。只有一个刚出名不久的马连良，自成一派。戏校有'谭派''余派''高派'和'汪派'的老生戏，独没有马派戏。于是，我就去约马连良，请他亲自给戏校说两出戏。"

马连良答应得很爽快，但事实上，他一直拖延，不来教戏。焦菊隐和戏校的老师们觉得，这其中定有他的想法，但他不明说，别人也不能直接问。他们商量，送几个学生去拜师，看他愿不愿意教。而马表示，要先看学生。焦菊隐和戏校的老师们于是带了王和霖、傅德威、李和曾等几个学老生的学生去了马家。马连良选中了王和霖。其实当时戏校的教师们是希望送李和曾去学马派戏的，他们认为王和霖的条件更适合学谭派，但马连良选中了王和霖，他们也不好"驳面儿"。从这时起，戏校也有了"拜师"一说。同时拜师的，还有傅德威和延玉哲拜入杨小楼门下。唯一坚持的，是戏校的学生拜师只鞠躬行礼，仍旧不拜祖师爷，不烧香磕头。

在学员有了基本的表演技能之后，焦菊隐开始筹划改革。他请来了戏曲改良委员会的名家们开会探讨，一起设法改编传统剧目，保留表演精华，删除剧本中的色情和迷信成分。第一个试验剧目就是《汾河湾》。戏校的《汾河湾》剔除了原本中因果报应的迷信色彩，取消了鬼魂上场，重新组织了剧情。虽然当时的剧评骂了好一阵子，但得到了程砚秋和王瑶卿的支持，观众也并无异议，所以此后的《汾河湾》一直都按改编本上演。同时，焦菊隐也开始尝试上演新编剧目。1933 年，戏校上演了第一出由陈墨香编写的新戏《孔雀东南飞》。

# 《孔雀东南飞》

《孔雀东南飞》是根据汉乐府中焦仲卿和刘兰芝的故事改编而成的。这个凄美的悲剧故事在民间流传已久，但从未上过京剧舞台。从中华戏校把它搬上台后，这出戏就成了很多不同剧种的保留剧目。这应该算是戏校的贡献之一。

《孔雀东南飞》的唱腔表演是旦行名角王瑶卿设计的。剧本完成后，焦菊隐就亲自带着男女主演王和霖和赵金蓉去王瑶卿家求教。声名赫赫的王瑶卿并不因这是两个年幼的孩子而轻视他们，反而更加细致，一点一点地辅导他们的唱功、身段，传授表演技巧。

《孔雀东南飞》首次演出在满场掌声中结束。王和霖记得，他和赵金蓉下场后泪流满面，而校长拉着他和赵金蓉的手，只是反复地说着"成功了""成功了"，其他什么都说不出来。

一次次成功的演出，使戏校当时的"德、和、金、玉"四届学生声名鹊起，给中华戏校创下了牌子，也带来了收入。为了在北平有一个固定的演出场所，中华戏校以三千元校款拨入吉祥戏院。这个戏院不仅保证了戏校在北平的演出，也在中国旅行剧社到北京演出时救了燃眉之急。

把中国传统戏曲与话剧、电影等艺术手段结合在一起，一直都是焦菊隐的梦想。趁着中华戏校良好的开端，他开始筹划更大的发展。

在一次招待剧评家的宴会上，他认识了著名的票友兼剧评家翁偶虹。两个人对戏剧教育的很多看法不谋而合，谈得十分投机。几次

1933年焦菊隐为中华戏校编写的讲义《舞台光初讲》

畅谈之后，他向翁偶虹提出了两个要求：第一，无论学生到哪里公演，都为翁偶虹留下三排九号的座位，要他尽可能地去看每一场演出，发现不足，随时通知，有了成就，即时在报刊上宣传；第二，每周二、四两人一起编制一份戏校的远景计划书。从此，焦菊隐和翁偶虹就每个星期用两个下午的时间在一起商讨如何培养学生成为全能的演员。从学生初入学直到八年级，每个阶段应学什么戏、上什么课、如何编剧、如何改戏、如何丰富戏曲表演、如何改进戏曲音乐，直到如何纵向继承中国的民族传统，又如何横向借鉴外国的话剧、歌剧、舞剧……前后共花了一年半时间，写了十万余字。这时候，戏校用演出的余款在东华门内翠明庄买了一块地，他们计划在那里建一座六层的建筑，作为戏校新的校址，包括演出的舞台、练功场、教戏和上文化课的教室、办公室、宿舍、食堂，最下层放行头和衣箱。在楼外，还设计了草坪、松墙和停车场，供观众停车、休息。

那时焦菊隐26岁，翁偶虹23岁。两个年轻人满怀热情，雄心勃勃地计划着戏校的未来。

百年匠心
焦菊隐
Jiao Juyin
Century
Masters

36

《北洋画报》1933年"中华戏曲学校二次来津公演专页"上，曾有一篇报道，《焦菊隐之三愿》：

　　……焦氏谓近有三愿，亟谋实行。一为在北平建设一规模设备完整之剧院，供该校学生或其他戏班出演之需求，因鉴于故都各戏院之老朽不堪应用也。将来剧场建设已觅妥东安市场附近之地基，一俟建筑费筹足，即可动工。二为在南京设立一分校，专研究话剧，且拟将本校学生不时送往首都一演，如此则可多吸收外资，以谋学校内部之发展。三为在天津组织一拍摄电影之公司，盖以电影与戏剧有密切之关系，相辅而行，双方获益，当不至平津前次制片公司之昙花一现，不能延长其寿命也。焦氏虽对昔日"戏台老板"所应知应行之事外行，然彼能打破因袭，以科学方法之组织管

1935年5月13日，中华戏曲专科学校同仁欢送焦菊隐、林素珊赴法合影留念

理，使校务发展极速，日臻完善，此则至足令人钦佩。

在焦菊隐和翁偶虹踌躇满志、想大干一场的时候，排挤他的行动实际上已经开始了。冲突起因于他与董事会、与李石曾在办校方针上不可调和的矛盾。

焦菊隐不得已离开了戏校。这时，他和翁偶虹花了一年多心血制订的"戏校远景计划书"才刚刚完成。焦菊隐走了，这个梦还留在两个人的心里。他后来辗转各地，在江安，在北平，都曾尝试过实现这个设想，屡试屡败，屡败屡试；而这份计划书保存在翁偶虹手中三十多年，直到"文化大革命"时被抄走遗失，焦菊隐也在这场浩劫中故去。翁偶虹后来写道："有时我想到这份宏伟的戏校远景计划书，总觉得菊隐的颀长身影恍立眼前，认真看去，则人不在而琴已亡。"

1935 年，焦菊隐和林素珊离开北平，远赴法国。带着丧子的悲痛和对戏校学生的不舍，他们开始了人生苦旅的另一段历程。

第三章 ── 留学巴黎

焦菊隐拿出当年在戏校钻研戏剧的专注和拼命精神，短短三年时间，他完全实现了自己的既定目标：通过了两门外语，发表了博士论文，拿到了博士学位。留法同学间对他一致的印象是：很用功，不喜欢谈政治，常常向同学们推荐哪里有好的画展、什么戏值得一看。他始终坚持自己不党不派的原则，认为人一旦结党结派，就有了限制而失了自由，就有了党派观点而失了个性主见。

# 而立之年学语言

1935 年初，焦菊隐携妻子林素珊到了法国。他们留学的费用是根据当初谈定的条件由戏校董事会成员之一、上海浙江兴业银行提供的。虽不算真正的公费生，但比起大部分勤工俭学的学生，条件要好很多，至少不需要马上找工作、支付学费。只是这笔费用实际上是给焦菊隐一个人的，一个人的钱在费用昂贵的巴黎供两个人读书生活，几乎不可能。好在焦菊隐考上了巴黎大学的研究生，攻读文学博士学位，而读博士不需要每天上课，只要定期向指导教授交作业、提出报告、交代论文的准备情况即可。在取得导师许可后，他们搬去了比利时，在布鲁塞尔安了家。那里离巴黎不远，买很便宜的火车月票就可以随时去巴黎，而生活费用却比巴黎低很多。林素珊就只好一直留在比利时，读当地两年制的学位。陆晶清在当驻英记者时，有一次到比利时开会，特意与丈夫王礼锡一起去看他们，他们那时和其他在比利时补

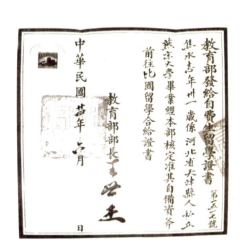

当时教育部发给焦菊隐留学比利时的证书，很快焦菊隐又考上了巴黎大学的研究生，攻读文学博士学位

习外语的留学生一起分租一座山坡上的小楼。陆晶清说，看得出来他们生活不大宽裕。

焦菊隐在比利时有几个最要好的朋友，其中之一便是《丁丁历险记》的作者乔治·雷密，这位比利时当代最著名的漫画家所创造的人物"丁丁"在当时就已风靡世界。焦菊隐后来还专门在文章中介绍过他，称其为"如同手足的好友"。焦菊隐说，乔治·雷密后来又创作了《丹丹在远东》的连环漫画，竟每天出现在以守旧著称的《天主教日报》上。日本驻比利时公使曾经为了这一套讽刺画，正式向比利时政府提出严重的抗议。可见当时比利时民主空气之浓。

焦菊隐在大学的主修外语是英文，第二外国语是德文。到了法国，除了法文外，还要通过拉丁文考试，因为巴黎大学的博士论文是必须用拉丁文答辩的。这一年焦菊隐已经 30 岁了，他要在 30 岁上从语言学起。当时比利时的学校是中小学一贯制，为了省钱，他和中小学生们一起上法文课，然后回家自己自修。他后来经常讲他们这些"大龄留学生"学法文时闹的笑话。关于他自己的笑话，讲得最多的是说他有一次上街买牛肉，卖牛肉的老太太叽里呱啦问了他一堆问题，他一句也没听懂。老太太看跟他怎么也说不明白，哈哈一笑，指着他说："你说你是要你这样的肉呢（小牛肉），"再指指自己，"还是要我这样的肉（老牛肉）？"拍拍肩膀，"是要这里的肉呢，"又拍拍屁股，"还是要这里的肉？"兴致好时，他也会模仿各地学生说的天津英文、山东法文、上海拉丁文，博大家一笑。

李石曾仍然常常去法国，每次去，焦菊隐也都会去看望他，但彼此间只剩下了一种泛泛的交往。李从不过问焦菊隐在法国的求学情况，也绝口不提回国后的安排；焦菊隐也不对他说什么，决心从此走自己的路。

具有讽刺意味的是，当年李石曾赏识焦菊隐的才华，一再叮嘱他远离政治，做一个学者，他听不进去。在与李石曾反目后，他倒是踏踏实实地照李石曾的话去做了。

当时在法国的中国留学生形形色色，背景很复杂，仅以他身边的公费生，就有各省派出的，有个人拿"庚子赔款"出去的；有CC派、复兴社成员，也有中共的地下党员。有很多学生拿着公费，边玩边读，一个学位，可以读许多年。由于焦菊隐与李石曾的关系，很多人误以为他也是"庚款"出来的，因为当时"庚子赔款"可以说基本上是掌握在李石曾的手里，不走李石曾的门路，是很难得到的。实际上，他的经济压力只有他自己知道。中华戏校董事会的留学经费只给一年，一年之后，虽然又同意续约一年，但是到此为止，不可能再继续了。最后的一年，他是靠前两年省吃俭用积蓄下来的一点钱完成学业的。

焦菊隐的学位证书

焦菊隐拿出当年在戏校钻研戏剧的专注和拼命精神，短短三年时间，他完全实现了自己的既定目标：通过了两门外语，发表了博士论文，拿到了博士学位。留法同学间对他一致的印象是：很用功，不喜欢谈政治，不泡咖啡馆，爱看戏，爱看画展，常常向同学们推荐哪里有好的画展、什么戏值得一看。平时闲聊中，他也会骂国民党、骂蒋介石，抨击时政，但当同学中的复兴社成员拉他进复兴社时，他断然拒绝，声明自己不懂政治，也对政治不感兴

焦菊隐的护照

趣。他始终坚持自己不党不派的原则，认为人一旦结党结派，就有了限制而失了自由，就有了党派观点而失了个性主见。当年的留法学生会会长夏晋熊说，那时留学生中分为"热衷政治"和"不问政治"两派，时时还会起争论。"我们认为他们不关心政治，他们认为我们不好好念书。"他提到曾想拉焦菊隐入复兴社，但没有成功。他向焦菊隐宣传，中国要做亡国奴了，还搞什么戏？焦菊隐只淡淡地回了他一句："几千年的中国亡不了。"

# 学贯中西

在法国的焦菊隐

1937 年，林素珊第二次怀孕，焦菊隐把她送回上海娘家待产。不久，上海沦陷，她又随娘家撤至香港。据说她是很不想回国的，但这时国内的留学经费已经停发，时局又动荡不安，焦菊隐的学业最快也要到年底才能完成，只有先送她回去。林素珊走后，焦菊隐大部分时间就留在法国。他在巴黎租了一间旅馆，全力投入论文的写作和答辩准备之中。

所谓"跳出三界外，不在五行中"，远离了中国，摆脱了各种人事纠葛和门派之争，反倒让焦菊隐对中国戏剧有了一种不同的认知。他可以从一种全新的角度，更理性、更客观地反观中国戏剧的现状。在法国两年西方戏剧史和戏剧理论的学习，也让他有能力在理论上系统地研究和总结中国戏剧的历史和发展。在远离故土的异乡，在西方语言文化的环境中，民族传统的戏剧遗产对他散发着前所未有的魅力，令他深深沉迷其中。改造中国戏剧的使命感从此伴随着他，无论是顺境还是困境，"戏剧"像魅影一样让他不得安宁，让他付出了他所有的一切而终生不悔。

在勤奋学习和刻苦钻研之余，焦菊隐常常泡在巴黎的图书馆和博物馆中。他写道："拉丁区以巴黎大学为神经中枢，圣密塞尔、圣日耳曼，如其他大街小路上，一眼望过去的全是书店，仿佛这个第五区，终日有纸片飞扬，缭乱在你的四周一样：你觉得你是埋在书卷里了。"塞纳河两岸，有几百家小旧书店，展列出各类绝版的名著、陈旧的教科书、著名的图画影印、徽章和小古董。这里也是焦菊隐常常流连忘返的地方。还有那些歌剧院、话剧院，有专演古典悲剧和喜剧的，也有专演现代剧的，有时学生看戏，还能受到票价两折的优待。法兰西文化浸淫着焦菊隐，其中强烈的自由主义精神更与他的性格合拍，这使他感到有一种如鱼得水的自在。

1937 年 8 月底的一天夜里，焦菊隐做了一个奇怪的梦，梦见自己的门牙掉了。他突然从梦中惊醒，没来由地想起小时听人圆梦，说过梦见牙掉是要失去亲人的。他后来说，那一夜他心惊肉跳，再也无法入睡。几天后，丧电送达，父亲在北平去世，时间是 8 月 30日晚 9 时半。据说在评梅去世前，他也曾有过类似的感觉。是巧合，还是亲近的人真的有某种心灵感应？他说不清楚。焦菊隐一生不信宗教，不信鬼神，他的格言是"天助自助"，唯独对这两件事，他不肯相信是巧合，但也一直无法给自己找到合理的解释。

1937 年底，他的博士论文《今日之中国戏剧》完成。这是第一部用法文写出的、系统地向西方世界介绍中国戏剧的专著。由于题材的新颖和文笔的流畅，这篇中国留学生的毕业论文，被破格收入法国德罗兹出版社的《世界戏剧丛书》而得以出版，并保留至今。论文论述了中国京剧的发展和艺术特色以及 20 世纪 30 年代中国戏曲教育体制及其发展前景，同时也论述了话剧在中国的情况，内容涉及剧目、表演、化妆、服装、布景、灯光、剧场管理、人才培养等各个方面。在 1985 年重新组织翻译这篇论文时，文中丰富的内容、超前的观点和严密的逻辑仍让译者激动不已。他的另外两篇副论文

《唐宋金元的大曲》《亨利·贝克戏剧中的社会问题》，想来应该也是有很强的可读性的，但我们也许再也看不到了。

如果说，执掌中华戏校是焦菊隐广泛接触中国传统戏剧的开端，那么，他的这篇博士论文则是其通过纵向及横向的比较对中国戏剧做出的深入研究，这对于他将来从事导演艺术不啻打下了一个坚实的基础。后来凡接触过他的人，不论与他关系好坏，均承认他学贯中西，这应该不是过誉之辞。

焦菊隐的指导教授居斯塔夫·柯恩深信这个学生是有才华、有前途的，他不断劝说他留下来教书，但焦菊隐的心已不在法国了，它躁动着，迫不及待想把自己几年来的心得、几年来的成绩带回国去付诸实践。尽管他在给哥哥的信中说"国外社会较之国内实胜万倍，一切便利舒适且无忧虑，社会无骗人欺人之风，到处上中下人均平等，彼此蔼然"，但他仍然心系自己的祖国。正因为它贫穷、落后、愚昧、不开化，所以更需要像他那样的学子去建设、改革。尽管外敌入侵的战火硝烟已经燃起，但他仍执着地相信，中国博大精深的文化是无法焚毁的，其中一定有他的用武之地。

第四章—从桂林到江安

归国后，为了实现自己的戏剧梦想，焦菊隐只身一人来到广西桂林，时任广西大学文法学院教授。在短短一年的任教期间，除了研究中国戏剧的发展出路，焦菊隐还积极参加了文艺抗日活动，不但被国防艺术社邀请导演了曹禺的剧作《雷雨》，还同欧阳予倩一同参加了桂剧的改革工作，撰写了一系列关于旧剧改革的文章。

# 我所思兮在桂林

1938 年 1 月，焦菊隐从法国出发回国，2 月到达香港。香港物价奇贵，在那个纯商业的社会中，他完全没有用武之地。寄食在岳父家，心里也不是滋味。他无时无刻不想回到北平。在他出国后，父亲和大哥相继去世，母亲的眼睛也失明了。战乱中的北平，家中只剩下瞎眼的母亲、孀居的嫂子和失怙的侄女世湘三个无依无靠又无经济来源的女人，靠天津的四姐夫侯丹宸每月接济生活。但北平、上海都已失守，他是回来参加救亡的，在日伪占据下的北平讨生活，是他不愿也不能做的。为此，他的母亲一直不能谅解，多次托人写信痛骂他。

唯一的选择是去大后方。

抗战初期的广西，由于桂系军人与中央政府的矛盾，是一个相对有自主权的地方，思想言论也比较自由，大批左翼文化人士那时期都聚集在桂林。据统计，那时流亡到桂林的各界知识分子有一万多人，使桂林有了"抗战文化城"之称。当时，欧阳予倩正在广西搞桂剧改革，田汉、熊佛西、洪深也都去了那里，焦菊隐觉得那里是可以贡献他的才干和所学的地方，于是写信给当年燕大的教授沈尹默，沈尹默又把他介绍给广西大学

书法家沈尹默，时任燕京大学教授

校长白鹏飞。于是，1938 年夏，焦菊隐经厦门、郁林、梧州、柳州，到了桂林。

此行，他是一个人上路的，林素珊和刚生下来的儿子贝贝没有同行。从这次分手后，他和林素珊就各奔前程，在余生的道路上再也没有交会。

"我所思兮在桂林，欲往从之湘水深，侧身南望涕沾襟。"一千多年前，诗人张衡为追求理想而矢志不渝，愁思巍过五岳，广涉江河，此时，焦菊隐的心境也许与诗人有着某种契合吧！路远山高，别妻离子，战乱频仍，硝烟弥漫，这一切都不能阻挡焦菊隐之所思。他此行虽是去当大学教授，但戏剧已成为他最痴迷执着的重要部分了。

前面说到，焦菊隐最早接触戏剧是在上小学的时候，他参加了学校的新剧社演文明戏。他第一次演出的戏是根据《聊斋》故事改编的《张诚》，并在剧中饰演男主角。后来他在燕京大学时虽然身为政治系国际问题专业的学生，但却将较多的精力放在文艺创作和戏剧研究上，有意识地对一些欧美重要的剧作家作了较为深入的研究，翻译了一些优秀的国外剧作并撰写了有相当理论深度的两篇重要论文《论易卜生》和《论莫里哀》。当时，熊佛西曾写信给焦菊隐："菊隐，你不是想专门学习戏剧吗？好！妙！我又多了一个同志，但不知你对戏剧的观念如何？"也许，正是为了对戏剧观念的深入探索，在大学毕业前，焦菊隐又与刚从国外归来的熊佛西共同策划组织了多幕话剧《蟋蟀》的演出。后来他又在创办中华戏曲学校的三年间，系统而全面地掌握了戏曲的专门知识，迅速地从一个戏曲外行转变为内行。从他在法国的博士论文中可以看出，这时，他已经成为传统戏剧领域中有着全方位研究和独到见解的专家了。

　　尽管如此，焦菊隐最倾心的仍然是话剧。虽然话剧在当时还未拥有大量的观众，其创作和演出实绩也不如小说、诗歌和散文对公众的影响，但焦菊隐却将致力于旧剧改革作为自己的方向，一方面在话剧与戏曲之间探索一条相互学习和借鉴的新路，一方面为话剧的普及化和民族化寻找一个"大众的技巧之诞生途径"。

　　而此时，大后方桂林抗日救亡的呼声和浓郁的戏剧氛围无疑使焦菊隐认定了这里是自己的"用武之地"。

　　几十年后，《广西戏剧史》编写者之一、广西省戏剧家协会的顾建国在研究广西抗战戏剧活动时发现了一个令人不解的现象：在当年的报刊上有不少关于焦菊隐活动的报道和消息，显得相当活跃；而后来发表的关于桂林文艺城忆旧和纪念性的文章，特别是关于戏剧方面，都是谈欧阳予倩和田汉的，谈焦菊隐的几乎没有一篇。所有关于焦菊隐的论述，对于桂林时期也都是一笔带过。那么，满怀抗日救国的热情奔赴广西后，在桂林的三年多，焦菊隐到底都做了什么？

　　20 世纪 80 年代，广西壮族自治区桂林市政协的曾健戎和广西师范学院中文系的万一知曾根据收集到的资料整理出焦菊隐当年在桂林的活动轨迹，不长的三年却有足足十多页篇幅，为了不让读者眼花缭乱，下面将它大致分类为：

桂林《扫荡报》关于桂林文化研究班的报道

参与文化界重要活动：如筹建中华全国文艺界抗敌协会桂林分会并当选为第一届理事会常务理事、建立抗战小剧场、筹建全国戏剧界抗战协会桂林分会并当选为常务理事、筹组新中国剧社、艺术新闻社等共 16 起。

举办学术讲座 4 次。

导演话剧 11 部，做演出顾问 3 次。

发表文章 23 篇、译文 1 篇。

改编桂剧 1 部。

长长的六七十年过去了，这一切都渐渐在文史中湮没，在人们的记忆中淡忘。

焦菊隐到达桂林时，广西大学刚刚被日机轰炸成平地，迁移到城外五十里的良丰，暂时在良丰的西林公园中设校本部、法商学院和理工学院。法商学院院长由校长白鹏飞兼任，焦菊隐在其下的文史专修科教国文、法文，后来又开了一门中国文学史的课程，他也任过一个时期的文史专修科主任，月薪 200 元桂币，聘书到 1940 年7 月。

广西大学在过去一向是师生界限分明的，教师在课外不与学生来往，总是板起一副冷冰冰的面孔，学生也没有任何的课外活动。白鹏飞在当时是比较开明的校长，他在任期间，请了不少进步的教授，像黄逸峰、李达、熊得山等，都是公开在课堂上讲授马克思主义经济学的，很受学生欢迎。在课外，这些外来的教授和学生的关系也比较融洽。焦菊隐说，假日他们经常和学生一起步行去桂林城里玩儿，玩完了再一起走回来。学生常无拘无束地到教授家里串门聊天，课外也开始组织一些娱乐活动，开开晚会，排演一些小节目，这都让老派的教授们看不惯，觉得他们没上没下，有失教授的身份。

1939 年下半年，焦菊隐和教西洋史的阎宗临、法律系的钟震、经济系的杜肃等几个教授一起搭伙，请了一个保姆廖嫂做饭。这几个人因此熟络起来，成了一个生活上的小圈子。据他讲，其实几个人的思想和观点是不太相同的，但有一个共同的爱好，就是爱看桂戏。焦菊隐因此认识了桂剧四大名旦。其中的两个 —— 小金凤尹曦和小飞燕方昭媛是当时和他比较接近的。

过去地方戏的演员是下九流，被人看不起的，一天两场戏，靠这个吃饭赚钱，没有时间，也不可能学文化，连自己的名字都写不来。1938 年，欧阳予倩进了马君武创立的桂剧改进会，力争为他们减了日场戏，组织了文化补习班，让演员们白天学文化。焦菊隐就是在那时被欧阳予倩约去补习班教课的。

尹曦后来回忆说："那时候我们的程度也就比幼儿园高一点。焦先生教我们识字、念国语、学写毛笔字，给我们讲演员的责任是什么，是宣传工作，并不是给观众开心的。演员是宣传员，不但要演老戏，必要的时候也要演活报剧，尽演员的职责，所以演员没有文化是不行的。焦先生说，很多老艺人没有文化，很多东西表达不出来，都带到坟墓里去了。他动员我们应该学文化，才能体验生活，体验角色。讲得比较多的是表演，是演员的修养，怎样做一个演员。"

1939 年，桂林文化界有一件令人瞩目的大事，那就是为深受青年人欢迎的进步报纸《救亡日报》筹集资金，而联合演出了夏衍的话剧《一年间》，由焦菊隐和孙师毅任执行导演。

《一年间》是焦菊隐导演的第一部话剧，是他作为一个戏剧理论家在导演艺术上的第一次实践。在西方，导演制的确立被看作是戏剧由古典转向现代的重要分水岭，直到 19 世纪末，才从根本上完成了由演员中心制、剧本中心制到导演中心制的转变。而中国的传统戏剧则一直是演员中心制，按旧剧的传习惯例，演员只知道戏中自己的部分，对其他角色的戏词和动作却不甚清楚。所以，焦菊隐在论桂剧的改革中就提到，"要加入导演一席"，以"统一戏剧空气，系紧并调谐动态声音曲乐，及规定人物性格，发挥剧本的意识"。而也正是在此时，使他有机会将他的戏剧理论和导演理论搬上舞台，并逐步奠定了属于他自己的导演体系。

《一年间》这出话剧现在好像已经不大有人提起了，但在当时却是很被关注的，桂林各报几乎天天都在追踪报道排演的进展。号称"计划博士"的孙师毅为这出戏策划了一个很别致的演出形式，就是用国语、粤语和桂林官话三种方言，用四班人马演出，目的是用方言更有亲切感和影响力，可以在广西地区长期闭塞的社会里加强宣传效果。两台方言组的脚本是按照原著用方言重写的，因此这个剧组又多了一个特殊的职务，叫作"语言顾问"。

当年的"语言顾问"、后来的语言学家陈原对《一年间》的排练一直记忆犹新。他说：

> 后人可评论这个戏的长短，但那时，我们完全被这个剧本激动了，无论是二十出头的我，还是年过三十的焦菊隐。打下去！这是所有善良的老百姓的心愿。为了民族的生存和发展，必须坚持打下去，这就是当时人们纯朴的信念，也就是《一年间》所激励的情绪。比我年长十多岁的焦菊隐，虽说他在出国以前就研究过传统的戏剧和我们这个古老的社会，但他的心也还是那么单纯。坚持下去，直到胜利，这是我和他接触时所能强烈感觉到的。

> ……我不自量力（而且多少有点狂妄）地担任了语言顾问。但这狂妄却给我带来了幸运，我有机会同这位艺术

家朝夕相处。不消说，我从他那里学习了很多很多。他博览群书，也饱经世故，他懂得很多，记得很多，不仅是西洋的，而且是传统的。他对待别人是那样诚恳，没有一点架子，永远"诲人不倦"。每一次见面，我仿佛是在听他讲课，我不单学到了很多书本上所没有的知识，何止知识呢？我学到的是他对于他所从事的工作一丝不苟的精神。

陈原说，排戏时，他们常被这位严格的导演弄得筋疲力尽。每排完一场戏，好不容易坐下闲聊一会儿，人家休息，他却不肯休息，走过来走过去，给这个人一点建议，跟那个人说点什么。

我记得他反复告诉我们，你说一句台词，就应当叫观众听到很多句未曾说出的话 —— 叫做"潜台词"。有时用动作，有时用眼神，有时只靠语言本身的律动，要让观众理解得更多。他不止一次地说，话剧是动作的艺术，不是叫人来听你背诵台词；他也同时告诉我们，话剧是语言的艺术，语言能表达人物的丰富而复杂的思想活动。后来他总结为"语言的行动性"和"行动的语言性"—— 但那时他还没有能够做出这样的逻辑推理，他却用一段一段的排演实践，来具体的阐明他这些论点。

在陈原的心目中，焦菊隐是一个爱助人的长者。在排《一年间》期间，他们朝夕相处，谈了很多国外的文学戏剧。据陈原说，焦菊隐虽是在法国留学，但他谈得最多的是俄国作家契诃夫和高尔基。他很推崇契诃夫，认为这才叫现实主义的戏剧。他欣赏契诃夫的简朴、明朗，深入生活的底层，又从底层的真实中升华为艺术。在焦菊隐的影响下，陈原也开始尝试翻译俄国文学作品。20世纪40年代初，他翻译了谢德林的长篇小说《戈罗维也夫老爷们》，焦菊隐为他到处奔波，寻找出版人，如同对待自己的稿件一样，因为他认为这部书是值得介绍给读者的。陈原后来说，他常常想起焦菊隐从容不迫的、低沉的男低音。他以为以焦菊隐的从容和自信，是一定能熬过十年浩劫的。然而，他却没有想到，这场浩劫足以摧毁人的一切自信和自尊。焦菊隐终于没有等到春天的来临。

陈原对焦菊隐的看法与当时在桂林的很多人对焦菊隐的印象是不大相同的。也许，这是因为他一直把自己看做焦菊隐的学生的缘故。其实焦菊隐不是一个容易相处的人。排《一年间》的时候，大部分的筹备工作都是孙师毅做的，演员也是他选派的。等到宣传工作都做开了，演员名单也公布了，临开排的时候，据说他和夏衍闹了别扭，不干了。焦菊隐一个人要排四组戏，用他的话说是"歇驴不歇磨"，没日没夜地赶了一两个月，肝火旺，脾气也大，连他自己都承认自己是个"独裁导演"。焦菊隐的坏脾气是众所周知的，说话尖酸刻薄，骂人不带脏字，常常让人下不来台。很多学生都吃过他的苦头，被他骂过、凶过、损过、不留情面地修理过。但是在学生中，他仍深受爱戴，很少有人记恨他的脾气。因为在严厉的背后，他对学生的付出是真诚而无保留的。虽然有时严格得近乎苛刻，学生们日后总能领悟到从他那里得益良多，而和他感情甚笃。在他辉煌的时候，这些学生并不都在他的周围；而在他艰难潦倒的日子里，却多次得到学生的援手。

在广西大学，焦菊隐虽是文史教授，但常在他住处出入的，却有不少商科的学生。一方面是因为他给学生剧社排戏；另一个原因是，有一段时间，经济系教授熊得山病重不能教课，家里负担又重，同事们商议，几个人分别把他担任的课程分担下来，以保住他的位置和薪水。焦菊隐包下来的是英文经济论文选读，因此他虽是文史科的

广西大学学生熊兴仁

教授，却和不少经济系、法律系的学生更熟。其中，经济系的学生熊兴仁是当时陕西省主席熊斌的儿子，他虽出身豪门，却是个学生活动的积极分子，对学校和学生中的种种事情和看法，他都会跑去和焦菊隐讲。在他加入共产党时，也曾偷偷征求过焦菊隐的意见，焦菊隐是鼓励他的，而且为他保守了多年的秘密。新中国成立前夕，熊兴仁的父亲已改任北平市市长，焦菊隐组建北平艺术馆时，熊兴仁也参与过北平艺术馆的工作。焦菊隐在化名去解放区前，又在他家住过，并把失明的母亲托付给他代为照顾。

另一个是一个法律系的学生，叫曾昭甡，后来改名为丁子明。1941年焦菊隐被广西大学解聘时，正在生疟疾发高烧，丁子明来看他，告诉他自己马上要动身去延安，本希望焦菊隐能一起去，但是看他病得这样重，只好劝他暂时留在桂林，但要求焦菊隐不要告诉任何人他的行踪。他给困境中的焦菊隐留了一笔钱，说是他从前一个银号小开的同学存在他那里的，要焦菊隐先用。丁子明走后，学校和丁家到处寻人，报丁失踪，焦菊隐一直老老实实地替他保密，绝口未提，直到新中国成立。1951年，丁子明当了记者，托人带信给焦菊隐，说他要去朝鲜战场，要焦菊隐给他带些药品去。药买好了，却再也找不到他。后来听说他牺牲在朝鲜前线，但一直没能得到确切的消息。

1938年底，金山、王莹带着从上海出发的演剧一队，经过广西，准备出国做抗敌宣传。焦菊隐请他们到良丰演出，演的是《放下你的鞭子》等剧目，很受学校师生的欢迎。白鹏飞还准备了酒饭招待了他

当时报纸对焦菊隐为"国防艺术社"所排的戏的介绍

们。这次演出后，学生们对文娱活动产生了兴趣，自己也开始排戏。大约在1939年初，广西大学成立了青年剧社，焦菊隐曾做过第一届的常务理事，排过《黄昏》等两个独幕剧。1941年又回西大排了宋之的的《雾重庆》，但那时他已离开广西大学，身份是"顾问"。

1941年8月前后，焦菊隐经白鹏飞介绍去了广西教育研究所。在此期间，他为当时的"国防艺术社"共排过《雷雨》（又称《新雷雨》）及《明末遗恨》（又名《葛嫩娘》）两出戏。

1941年底，焦菊隐决定接受余上沅的邀请，到四川江安戏剧专科学校任教。他抱着一腔热忱到大后方去，但在桂林的几年经历却不大愉快。在各地文化界人士纷纷涌入桂林之后，不同的组织派系之间有种种人事上的矛盾和纠纷，焦菊隐在人事关系方面几乎从来都搞不清状况，而且从来没有处理好过。其中，他自己的脾气和性格也应该是重要的原因。当时在桂林文化界的很多人对他的印象都是"很有才干，但高傲自大"，"很骄傲，脾气不好，他导演的东西自认比田汉、夏衍都好"，"是个风流人物"。以焦菊隐恃才傲物的个性、自由主义的作风，他是很难真正融入任何一个团体中的，他的性格和做派都会给他带来负面的影响。

尽管在人事纠葛中焦菊隐从来摸不着头绪，尽管他最后是黯然神伤地离去，但桂林三年无疑给他带来了宝贵的收获，那就是他已从对多部戏剧的导演实践中总结出了自己对导演工作的认识：

> 导演应当弥补剧本的缺欠，凡是剧作家疏略，或者在上演时与主题有矛盾的地方，删改都是当然的事。不仅如此，导演更应根据"给予剧本以一另外的生命"的立场来给旧剧本一种新意识的解释。人物的性格，精神的发挥，空气的造成，导演都应有一个通盘的创造……这不是不尊重一个剧本及其作者，反是为了更明确地创造剧本的另一生命所必须的忠实的努力。
>
> 剧本的创造者是剧作家，而上演的剧本的生命，则是导演赋予的。导演不是剧作家的代言人和解释者，他是舞台戏剧的创作者。没有导演便没有戏剧。

这标志着焦菊隐已将他的研究重心转向导演领域，对导演理论的研究和实践将从此伴随着他。与此相比，他所受到的一切磨难和误解又算得了什么？

# 在江安的日子

几经周折，焦菊隐在 1942 年春节前几天到达江安。

江安县城是个非常小的市镇，小到站在北城门口就可以清清楚楚地看见南城门。城里的商业，也只有小饭铺和茶馆。剧专的学生们回忆，江安戏剧专科学校当时是借用县城里一座破旧的文庙开设的，四面透风，冬天连取暖的炉子都没有。舞台和排演场用的是庙里的大成殿，教职员宿舍则是租用一家地主的前院。焦菊隐到达时，当时的歌剧科主任应尚能和教戏剧史的刘静沅已经住在那里。焦菊隐到后，就与他们搭伙，共同请一位老保姆做饭。应尚能爱吃，又会做菜，在单调闭塞的小县城里，课余生活十分寂寞，应尚能于是建议每人额外出一份钱，每天夜间加一顿消夜，由他亲自动手去做。为了替大家排遣，余上沅也时时请大家吃饭，或邀几个人去他家打麻将。不大相熟的人最后在牌桌上成为知己是常有的事，余上沅多半也是为了把大家聚在一起，多联络联络感情。可是焦菊隐在北平戏曲界混了几年，居然不会打麻将，却是谁都想不到的。他不光不会打，而且没兴趣，常常打到一半，就快要睡着了。他可以在半个月内译完法文版《演员自我修养》的第一部，牌友们花了几个月的时间却教不会他打麻将，几乎是每打必输。多半时间他都是百无聊赖地在旁边观阵。实在凑不齐人手要他上场时，他竟老实不客气地说："我奉陪贡献几个钱就是了。"这让余上沅听了很不是滋味。他本来是好心邀大家来联谊解闷的，却招来焦菊隐说这种怪话，好像余上沉存心让他赔钱又受罪。渐渐地，也就再也没有人来约他了。

焦菊隐形容他在江安的生活，"心情基本上是很灰色的"。他从1935年初离开北平，就再也没有机会回去，这段时间发生了很多的事情，几乎件件不如意。父亲、哥哥、侄女、长子的去世，让他时时陷入自责。他常常想，他花了那么多的时间和精力在戏校，照顾了几百个穷苦的孩子，自己的长子和一直由自己抚养的侄女却从没有得到他的关照而相继死去。现在，次子又死了，林素珊也离他而去。北平家中连信都无法通，也不知三个无依无靠的女人流落到什么地步？他的心中满是家破人亡、骨肉不能顾全的悲痛。他说，他不愿同别人来往，怕看见别人家的家庭生活幸福，怕看见别人家父子夫妻团聚，更怕听见别人家的孩子叫"爸爸"。许多许多年，他都听不得小孩子哭的声音，听到小孩子哭，他的眼泪会不由自主地流下来。在他脑海中时时萦绕不去的是马致远的那首《天净沙》："枯藤老树昏鸦，小桥流水人家，古道西风瘦马，夕阳西下，断肠人在天涯。"但他从小是一个内向的人，除了评梅，他几乎不曾向任何人吐露自己的心事。他把自己包在一层冷硬的外壳里，来保护自己敏感而脆弱的内心。越是不顺，越是沮丧，他越要表现得桀骜不群。他变得越来越难于和人亲近，那段日子，除了常常被曹禺拉去家里聊天外，大部分的时间，他都把自己关在房间里，看书、翻译稿子，大量地吸烟，借以忘掉往事。在江安的短短八个月里，他译了高尔基的《未完成的三部曲》、匈牙利作家贝拉·巴拉兹的剧本《莫扎特》（因为莫扎特最后的作品是《安魂曲》，因此焦菊隐把译稿改名为《安魂曲》）、丹钦科回忆录的前几章以及狄更斯的小说《双城记》，但《双城记》没有完成，后来在重庆，连同其他衣物一起被盗，此后也再没有机会从头来过。

曹禺的回忆可作为这段时期的佐证。他说："我在江安时与焦先生是同事。焦先生很勤奋，每天早上离家到茶馆，泡杯茶，刻苦学习，从事翻译。他英文、法文都很好，他的笔记都是用英文记的。焦先生的记忆力惊人的好，可以说，过目不忘。我有时常向他请教一些问题，他都可以回答我，甚至可以记得是在某书、某页。真是令人佩服。"对焦菊隐的记忆力，后来北京人艺的书记赵起扬也有过精彩的描述，他说那时他们几个领导常去参加会议，回来后指派一人给大家传达，所以听时都要认真做笔记。可轮到该焦菊隐传达时，他在会场却不带一纸一笔，赵起扬急得只能自己做笔记，不知焦菊隐回去会怎么说。孰料待焦菊隐传达时，却是字字句句滴水不漏，甚至比赵起扬笔记中记下的都全面具体，令他们佩服得五体投地。

第六届的高职科学生靳作新说："焦菊隐在剧专期间上课排戏都很卖力，同学们对他印象很好。他的课学生是欢迎的，师生都称他为'焦博士'。他的脾气发起来是不得了的，不管上课还是排戏，他一发脾气真是令人害怕。记得谢晋在《哈姆雷特》中惹得'焦博士'大发脾气，痛骂了一顿。谢晋是有名的调皮学生，一般教员是不大敢碰的。（焦菊隐）和同学的关系一般地讲是处得较好的，他有些敢说敢干的豪爽作风，大家公认他'有本事，脾气大'。在教员中，他表现得'孤高傲慢''落落不群'，除余上沅同他吵过架外，他也同当时的教务主任陈治策拍桌子大吵，并指着鼻子骂对方'老混蛋'。在我的印象中，很少有哪个教员和他说得来，可能他看不起什么人。"当时的同事陈瘦竹对他的第一印象则是

江安剧专时期的谢晋

"自命不凡，锋芒毕露"。

　　类似的评论，在广西、在其他焦菊隐曾经就教过的地方也常常听到。似乎他和学生的关系永远比他和同事的关系好。他自己在中篇小说《重庆小夜曲》中借孟何之的口说："这些年月以来，生活使他厌恶人世，欺诈与狡计使他憎恨同类……他觉得只有二十岁以下的青年，是比较天真的，比较依然保存着人之本性的。他的心灵，和青年们一天比一天接近起来。他把一切希望、安慰与活着的仅余的一点愉快，完全寄托在青年们的身上。"这应该是他自己的心声吧！与其说他有"敢说敢干的豪爽作风"，也许不如说，他缺少他那种年龄和阅历应该有的世故和人情练达，"锋芒毕露"的焦菊隐只有在和年轻单纯的学生们一起时比较容易声气相通，比较容易相处。

焦菊隐（前排中坐）与剧专的学生合照

当年江安戏校的学生奚里德说，其实当年他们这些学生是不大好教的。他们比较成熟，有政治敏锐性，尤其江安的学生及教员情况比较复杂，他们不是什么人都肯接近的。他们那时在戏校最佩服的是张先生、万先生和焦先生三位教授。张先生（张骏祥）离开得早，万先生（曹禺）有学者派头，不大容易亲近；而焦先生很随便，不大讲究。温锡莹说他有时像小孩儿一样，作风很平易，在教学上对学生是平等的，没有那些世俗的东西，什么级别、门第、学历什么的，他都不大在意。但是你的业务范围中应该知道的，你就必须得知道。他说他年轻时最敬佩的两个老师张骏祥和焦菊隐都是这脾气，既严肃又和蔼，但有共同的一点，就是绝不容忍"戏油子"。

焦菊隐到江安剧专时，还不到40岁，可是在朱琨的记忆里，觉得他当时已经很老了。在他一个穷学生看来，焦菊隐挺会花钱的。在江安搬了两次家，先铺了地板，还自己设计了一张床，周围都是书柜，伸手就能拿到书。屋子里不能老是一个样，家具总是搬来搬去，又爱吃路边小摊。也明知很不卫生，所以每次都是先来一杯老酒。另一个学生史凤美也说，焦菊隐不善理财。当时国统区的教员收入虽然微薄，可是他是教授的待遇，又是一人挣钱一人花，应该也是够用的，可是他还是常闹经济恐慌。焦菊隐对此却另有说辞。他说他那时其实穷得要死，每月的薪水只够吃饭抽烟。开始和应尚能住在一起，伙食还不错，每晚还有应尚能自制的消夜吃。后来搬去和马彦祥搭伙，马彦祥的太太过日子极节俭，夫妻俩的饭量又小，他几乎顿顿吃不饱，没办法，只好再到街上"找补"。他也知道学生比他还苦，所以只要有学生同行，一定是大家都有份儿。物价涨得越来越凶，到这时，单单吃饭一项，他就已快招架不住。本来从桂林来时，还带了两箱子像点样的衣服，到了江安没几个月，他的西服、大衣和好一点的日用品，就全送到地摊上换饭吃了。他住的房间自己出钱装了地板，所以比较干净亮堂，洪深去后，他希望能把洪深留住，就心甘情愿让给了洪深。他是有钱就花得大方，可是经常都囊空如洗；没钱用了就写文章换稿费。他认为写诗是最划算的，按行计酬，比写其他的稿子容易得多。

奚里德和朱琨都提到，当时的生活确实很苦，生活靠贷款。学生的伙食只有米钱没有菜金，一碗饭半碗沙子，放点辣椒面放点盐，顿顿如此。就是这一点点钱，学校教务处还要克扣一部分拿去做生意。焦菊隐常常为学生力争，"有时很偏激，吵得脸红脖子粗，拂袖而去"。江安地下水位高，房间很潮，焦菊隐一到就与学校交涉，给学生宿舍铺了石灰和席子。后来在上海人艺工作的朱琨说，在这么多的老师教授中，焦菊隐是最关心学生的，学生的情况他知道得很多，学生有事也都向他讲，因此除了对他学问上的佩服之外，也是真的有感情的。

# 《哈姆雷特》

1942 年暑假高职班毕业演出的《哈姆雷特》是焦菊隐在江安排的唯一一出戏。这出戏在当时造成了相当的轰动，却也成了焦菊隐离开江安的直接原因。

高职班的毕业演出排练从春季就开始了，花了差不多半年时间，谢晋说这在剧专历史上是前所未有的。原因是整个高职班的教学时间只剩了一个学期，教学和排练实际上是同时进行的。会演的剧目是余上沅选的，那一年好像是莎士比亚的纪念年，所以是从莎士比亚的四大悲剧中选一部来排。据当时担任场记的徐里回忆，最初选的是《李尔王》或《麦克白》，后来焦菊隐和曹禺研究后，都认为按照当时的条件，比较适合演《哈姆雷特》，所以最后改成了《哈姆雷特》。剧本由余上沅指定用梁实秋的译本，这个本子不大适合舞台演出，所以后来由焦菊隐和曹禺参照朱生豪、田汉等人的各种译本重新编译了一个口语化的演出本。徐里是学生中英文比较好的，他记得当时曹禺和焦菊隐经常在一起用英文术语讨论剧本的一些细节，所以在他记录的演出本中也夹杂了不少英文。徐里的场记记得很详细，包括各个场景的处理和前人对剧本和人物的解释分析，最后的整理本有一英寸厚。曹禺为此还专门为学生开了一门《哈姆雷特》的剧本分析课。

据徐里说这出戏的布景设计是焦菊隐独自进行的。江安没有电，舞台灯光都用汽灯，在外面加上铁丝罩子，衬上不同颜色的纸

1941年江安剧专排演《哈姆雷特》的剧照

来变换色彩。过去江安演戏都是用景片，而这一次为了避免原色走样及"吸光"等舞台美术上常见的毛病，加上剧专作为舞台和排练场的大成殿面积不够大，又有很多大柱子，为了将就场地，全部改用了灰色丝绒做的软幕。徐里后来在《哈姆雷特杂感》中统计，该剧原文3800行以上，哈姆雷特的独白、对白达1400多行。全剧在舞台演出实足要四个半小时，所以各场次必须做适当的调整压缩，换场景也必须用最短的时间，才能保持剧情的连贯。据他回忆，当时的布景迁换最快的两秒，最慢的也不超过四分钟。黄祖模也说，一到暗转，灯光放下来换包纸，台上换软幕，四五个人就要同时抢上去换道具，这种场面是他们以前从来没经历过的。

排这出戏相当兴师动众，演员动用了全部高职班的学生外，还加入了一些低班的学生"跑龙套"。光剧务就有8个之多，分管场记、灯光、布景、道具服装、音乐等。甚至为了扩大舞台进深，最后把大成殿都打通了。

这是国内第一次将莎翁的名著《哈姆雷特》搬上舞台，演出还是相当成功的，在江安成了颇为轰动的一件事，甚至有观众从几百里外的重庆坐着火轮来江安看戏。温锡莹是当时饰演主角哈姆雷特的演员之一，他一直认为自己能力有限，所以拼命地用功，拼命地努力，生怕跟不上。首场演出成功后，有关方面上台给导演献花，焦菊隐一把把他拉到前面，把观众献的花都放在他手里，他说他的心里很是感动，眼泪当场就掉了下来。作为一个演员，他觉得为了那一刻挨多少骂都值得。

多少年后，黄祖模提起这出戏，和焦菊隐说："虽然我们也学了西洋戏剧史，也学了原著，但这样的大戏，以这样的条件，因陋就简，而能够大规模的演出，对我们是极大的锻炼。我们自己制作布景，自己挂幕，从始至终参与了整个的过程，无论是创作态度，还是学识，都有了很大的长进。这比课堂上的教学收效更大，至今当日的情形仍历历在目。当时国内排这样的巨著都是不多见的，搬上舞台不是容易的事，很少有人有这个魄力。他（焦菊隐）居然在那么简陋的条件下，带着我们这些学生演出来，而且那么成功！他给了我们一个理想，一个戏剧改革的试验，一个戏剧体系的概念。在戏剧理论方面，他也是第一个给东西的人。饮水思源，我还是要说他是最好的老师，尽管他爱骂人。"

这时的剧专表面上还是一团"其乐融融"，但事实上早已潜伏了各种的人事纠纷。《哈姆雷特》在重庆的演出成了

剧专旧址的余上沅像

一根导火索，引爆了长期以来的种种矛盾。

最让焦菊隐恼火的是重庆的演出把他的本子和主题改了。

焦菊隐对此极为愤怒。他认为这不仅是对他个人的不尊重，也是对导演制度、对艺术的极大的不尊重，加之他在排戏以来久蓄的不满，如：分配演员，导演没有权利；装置、道具和服装，导演也没有权利；而且导演也没有过问哪出戏在什么时候才可以正式上演的权利，使他对余上沅一直以来的不满彻底发作，"就算是我在重庆没有熟人，没有工作，连一个寄居的地方都没有，我都怎样也不肯再回去"。焦菊隐就这样负气离开了江安。

后来他在《文艺·戏剧·生活》的译后记中有一段措辞激烈的文字，虽然没有指名道姓，但人人都知道他是指谁。

余上沅当然也是一肚子的怨气。在如此"因陋就简"的条件下，他对《哈姆雷特》的排演还是提供了尽可能的人力物力的支持。而焦菊隐记得的只是自己为这出戏付出了多少、为余上沅争到了多大的面子，至于余上沅为他所做的一切，他似乎都认为是理所当然的。所以余上沅在背后，甚至当着焦菊隐的面都讲过："焦某人太不讲交情了，人家把心都掏给他了，他还嫌这颗心太肥太瘦！"焦菊隐后来自己也曾反省："我的个人奋斗的劲头，从北平到抗战时期，都是挺大的；我的个人英雄主义，也一直都是挺顽强的。"

抛开余上沅与焦菊隐的个人恩怨，平心而论，余上沅对中国戏剧的贡献是不应被埋没的。在动乱的时局和艰苦的条件下，余上沅的戏剧专科学校一直坚持到全国解放，培养了十三届学生。这些学生在此后的几十年里都是各地话剧、电影、电视界的中坚。江安的学生奚里德和黄祖模都说在焦菊隐离开学校后曾经恨过余上沅，但后来想想，还是要承认，没有这个学校就没有这一辈人。

一九四二年，举目无亲的焦菊隐孤身来到重庆，在这里，焦菊隐经历了生平最贫穷、最艰苦的一段时光。这个时期是焦菊隐作为导演的低潮期，却是翻译作品较丰富的时期。除了《双城记》，所有那时的译作在新中国成立后都陆续再版，而当时在山城重庆曾引起较大反响的一部却是《莫扎特》。他把它改译为《安魂曲》，来纪念这位「一生都在热烈地怀念着向往着人类的自由和幸福的天才音乐家」。

# 雾都阴霾

焦菊隐孤身一人来到重庆。

那是他最怕的西南冬季，阴霾多雾，又湿又冷。余上沅既未给他最后两个月的工资，也没给他《哈姆雷特》的上演税。他带走的，除了自己的衣物，还有一本他正在翻译的丹钦科的回忆录。就是这本书，一直到焦菊隐离开后依然引起轩然大波。到处风传焦菊隐带走了江安国立剧专的大批珍版书，以至传为余上沅多年苦心经营的国立剧专图书馆因为全部藏书被焦菊隐拿走而不复存在。他的这次出走完全是一怒之下，甩手即去，其实是全无准备的。他在重庆举目无亲，身上的钱还不够付一个月的旅馆费。他只有住到重庆人称"鸡鸣早看天"的小客栈中。这是沦落到社会最底层的人的去处，对他这样的知识分子来说，是一个完全陌生的地方。他这半辈子穷过，苦过，难过，却也没想到会落到这个地步。但他的确沦落在那里，生活在那里，而且几乎死在那里。

刚住下时，焦菊隐常到客栈对面一家卖面食和粥点的小店去吃饭。小店门前摆着一个大木架，那个像短楼梯的货架上，一层一层地陈列着香肠、腊肉、辣椒、胡豆、榨菜等等的盘子。店里面坐着的，几乎全是着短衫的顾客。但即便是这种地方，焦菊隐也很快就吃不起了。他只能再往前走，到客栈斜对面的一条支马路口，在上坡的尽头，有一个公共厕所，从厕所里飞扬出来的气味，弥漫着附近几家小竹棚。一个竹棚里卖毛肚；一个竹棚专卖泡子酒；还有一个把门面分成了两种买卖，一边卖酒，一边卖馒头和烧卖。在这里就餐的都是黄包车夫、挑夫、工人和进城卖菜的乡下人。

这是焦菊隐生活中最痛苦贫穷的一段时光。白天，他跚蹰在大街上，希望能遇到一两个熟人而找到工作的机会；晚上，他匍匐在小客栈昏黄的灯光下，追逐着自己的理想，继续翻译丹钦科的回忆录。但旅馆的灯光实在太昏暗了，致使他的视力在这个时候急剧恶化。于是，他每天鸡鸣之后便早早起身去茶馆，直到天黑后茶馆打烊时才回客栈。他以茶馆为家，有时吃一碗担担面，有时只是一两个大饼，那个喧嚣嘈杂、人头攒动的地方成了他翻译写作的新的场所。他在《文艺·戏剧·生活》的译后记中写道：

> 像一个囚徒想挣出牢狱一样，我每天从头到脚，就仿佛有一个凶兆的蜘蛛，在不停地蠕爬。愤怒的火，失望的冷水，和早不该来到这里的追悔，在我的心里激斗着，像炸弹将要爆裂。夜里梦想将我唤醒，而现实又使我不能再睡。披起衣服，呆坐在床头，或是走到黑森森的庭院的树下，蹲在那里看着在一片黑暗中微弱地燃烧着的香烟的红火头。晨曦之前，瞪着东北方的一颗大星，看着它从银白变成橙黄，随后又随了朝霞由墨紫化成赤红而消逝下去，盼着白亮的太阳出现。

在这时，太阳召唤着我，艺术召唤着我，丹钦科召唤着我。我唯一的安慰，只有从早晨到黄昏，手不停挥地翻译这一本《回忆录》。然而，如噩梦一样的经历，时时侵进我的脑子。就在这种极度不安、极度错乱的心情下，我译完原来的三分之一。

可他万万没有想到，一个所谓的朋友声称帮他出版，拿走了他一部分书稿后就再无音讯了。当他不得已找到那家出版公司后，才知道这个人是一个文化骗子，专事盗窃别人翻译的外国名著，将译者的姓名改换，全文则一字不改印行，以逃避付译者的版税。

这是一页他不想体验而不得不体验的生活。后来他能将高尔基的《在底层》改编的《夜店》活灵活现地搬上舞台，与他这段痛苦的经历不无关联，或者说，倘没有这种亲身经历，就没有日后他导演《夜店》的成功。

终于，焦菊隐到了手中的钱只够买包香烟或吃碗素面的地步，小客栈还欠了好几天的房钱，高烧使他起床就晕倒。"我想我大概要死在这里了，我让堂倌买了包香烟，几次想挣扎起来写个遗嘱，但写给谁呢？寄给谁呢？当时重庆与沦陷区北平也不通音信，算了，就这样死了吧！死了吧！"焦菊隐认识秦瑾后向她追叙这段生活时哭了，秦瑾也跟着哭了。

是上帝的怜悯，抑或命运的安排？热爱戏剧的焦菊隐生活中也充满着戏剧性 —— 在他濒于死亡前，总有并不熟悉的人来搭救他一把。

当焦菊隐病倒在桂林时，是靠他的学生曾昭婕留下的一笔钱才渡过难关，而这笔钱的主人他始终并不认识。此时，在他似乎已经山穷水尽的时候，一个仅见过一次面、名叫卞韶承的小商人来看他，临走时在焦菊隐枕下塞了一把钱。有点像桂林遭遇的再版，焦菊隐又一次奇迹般地得救了。

用卞韶承留的钱，焦菊隐买药治病，还了客栈的房钱，吃饱了肚子。当这笔钱花得差不多了的时候，恰巧又遇到过去北平的老熟人文怀沙，他看焦菊隐生活得很窘迫，二话不说当了自己的金戒指给了焦菊隐一笔钱。后来，南开大学的校长张伯苓因为爱惜"我们天津的人才"，又借给焦菊隐三千元钱，使他得以维持几个月的生活，把丹钦科的《回忆录》全书重新译过，并且仔细校改了三遍。

# 翻译名著

1943 年，在全书的翻译终于完成后，焦菊隐听说翻译家戈宝权在丹钦科去世后才收到了他生前寄出的有亲笔签名的俄文本《回忆录》，而焦菊隐的译稿则是从两年前的英译本译出的。为了忠实丹钦科的原著，他又抱病去请同样在病中的戈宝权重新进行了校订。这本历尽艰难译出的书稿，因为不是"畅销书"，所以找不到出版社，"好容易找到一家，又被他们积压了一年半以上的时间，而且几乎把原稿丢失"。直到 1945 年，这本戏剧经典的译文，才第一次在中国问世。

为了感谢张伯苓的雪中送炭，这本书的最早版本是题献给张伯苓的。

丹钦科是苏联的戏剧艺术家和改革家，和斯坦尼斯拉夫斯基共同创立了莫斯科艺术剧院，并大刀阔斧地进行了一系列的改革，使这个剧院成为苏联戏剧历史上一个具有里程碑意义的重要剧院，对于以后几十年世界话剧艺术的发展产生了巨大的影响。焦菊隐之所以在贫病交加中全身心地投入翻译丹钦科的《回忆录》，与他回国后的种种遭遇

1945年由文化生活出版社出版的，焦菊隐翻译的丹钦科回忆录，书名改为《文艺·戏剧·生活》。照片为1953年平明出版社再版版本

和失意应该是有关联的。丹钦科在戏剧事业上的勇气和成就激励着他、感动着他。无论是在桂林，还是在江安，抑或是此时失业在重庆，他无时无刻不在梦想着，有一天中国也能创立像莫斯科艺术剧院那样的大剧院，也能出现丹钦科这样的改革家，而他自己，也能像斯坦尼斯拉夫斯基那样，在他热爱的戏剧领域里一展长才，有真正的用武之地。

没有固定的工作和收入，也没有从事戏剧活动的机会，但就是在这段窘迫的时间里，焦菊隐完成了大量的翻译作品，约有一百多万字。包括法国作家左拉的长篇小说《娜娜》，英国作家狄更斯的长篇小说《双城记》，苏俄作家中的《契诃夫戏剧集》《果戈理的手稿及其他》，高尔基的《未完成的三部曲》以及匈牙利作家贝拉·巴拉兹的两个剧本《手稿》和《莫扎特》。其中的《双城记》从未正式出版。据说出版社本来已经同意出版，后来又改了主意，决定采用其他人的译稿，焦菊隐一怒之下，连手稿都付之一炬。此事焦菊隐后来从未对家人提过，女儿宏宏是在遍寻《双城记》的印稿和手稿均无所获之后才听说了这段轶事。她觉得父亲一生对书稿都是十分珍爱的，他的手稿、译稿从来都是誊写得一丝不苟，就连"文化大革命"中的检查交代都留有副本，所以一直不太能相信这件传闻。终于，她在抄家退还的一堆烂纸中找到了这部译稿的一部分。焦

20世纪40年代焦菊隐翻译的长篇小说《娜娜》

菊隐应该是译完了全书的，因为在封面上他已经标出了"二号长仿"和"里封面前加空白两面"的字样，并且计算出全文共 480 余页，35 万字，但宏宏只找到了 148 页，而且也没有机会将它收入父亲的文集中。这也许将成为一个永远的遗憾了。

这个时期是焦菊隐作为导演的低潮期，却是翻译作品较丰富的时期。除了《双城记》，所有那时的译作在新中国成立后都陆续再版，而当时在山城重庆曾引起较大反响的一部却是《莫扎特》。他把它改译为《安魂曲》，来纪念这位"一生都在热烈地怀念着向往着人类的自由和幸福的天才音乐家"。在那段中华民族最艰难的岁月，不仅是焦菊隐，大多数的中国作家和艺术家们都在经历着比莫扎特有过之而无不及的悲惨遭遇，在贫困、动乱和政治高压下苦苦挣扎，在三餐不继、朝不保夕的窘境中坚守着自己信念和理想。正如《新华日报》为《安魂曲》的演出所发表的编者按中所说：

> 这个剧本告诉了我们一个在不合理的社会中，天才的艺术家如何受虐待迫害的动人的故事。权势威凌着他，要他做奴才；有钱的商人诱逼着他，从他身上榨取心血；万人从他那里得到幸福，但他们不知道怎样能给他幸福。这个剧本有力地控诉着对于自由，对于艺术，对于天才的迫害和虐杀。正如在这剧本中用莫扎特的口所说的："音乐哭泣时，它是在哭那幸福，它是在唤起我们对幸福的怀念，它歌颂对人类的力量，它唤起人类起来为自己的幸福搏斗。"

艺术家的心灵是相通的。正是这种相同的命运、相似的遭遇感动着焦菊隐，他把他的悲愤和辛酸注进了这部译稿。当他交出译好的本子时，曾感慨地对曹禺说："莫扎特的乐章给人们带来了艺术的享受，他的艺术成就将世世代代延续下去。可是人们在听他的乐曲时，有谁知道他死得那么惨！"而同样处于贫困和政治高压下的曹禺，感同身受地将这一腔悲愤融化在莫扎特这一角色的创作中。这是曹禺最后一次作为演员在舞台上创作，也是最激情、最成功的一次。当时的评论认为"曹禺不仅表现了一个音乐家莫扎特的形体，而且，表现了一个受难者的灵魂"。曹禺自己也说："演到莫扎特生命的最后一息，仿佛连自己的生命和灵魂都来了一次升华。"

# 《安魂曲》

　　《安魂曲》的初演，无论在艺术上还是在社会效应上都是成功的，它对这个黑暗社会的控诉，引起了观众和戏剧界同人的共鸣。一位署名孟哲的作者在《演剧生活》上发表题为《让我们团结得更紧些》的文章，他说："我们干戏是由于我们对演剧艺术有着特殊的爱好与正确认识，所以才情愿忍受着使父母伤心的痛苦，背负着被旧社会唾骂的冤屈，披风戴雨，忍饥挨冻，艰苦卓绝地献身舞台，没有丝毫怨尤。我们的目的，简单地说，是'要演好戏'。所谓'好戏'即是主题具有积极性，意识正确，表现深刻的戏。有谁愿意去演那含有毒素，使人肉麻憎厌的戏呢？又有谁不愿意演《哈姆雷特》《安魂曲》，或《法西斯细菌》呢？尽管有些落伍的人为了名利去演坏戏，但，那不是我们……"更广为流传的是当时的育才校长、教育家陶行知的故事。当人们向他推荐《安魂曲》时他还半开玩笑地说："这是什么时候，还安什么魂？"可是他看完演出后，却感动得热泪盈眶。他知道第二天就是最后一场演出了。散戏后，他连夜赶回学校，深夜敲钟

20世纪40年代焦菊隐为怒吼剧社翻译的剧作《安魂曲》

集合全校学生步行一百多里赶来看戏。当他们赶到重庆国泰剧场时，戏已经开演，没有了座位。重庆阴冷的 1 月天气里，他和他的学生们就席地坐在剧场的水泥阶梯上看完了全场演出。

这次的演出，实际上是张骏祥和杨村彬带领的中青剧社成员用怒吼剧社的名义出演的。因为官方的阻挠，他们不仅不能用中青社的名义，而且不能动用中青社的资金。但是他们得到了社会各界和《新华日报》的大力支持。演出经费是一位名叫余克稷的工程师多方筹集来的，张骏祥任导演，曹禺、沈扬、耿震、张瑞芳、赵韫如、邓宛生等主演。舞台设计为李恩杰。这次激情的演出无疑是参与创作的所有人都难以忘怀的。在 1953 年重新修订译本时，焦菊隐在《译后记》中特别一一列出了他们的名字，并且重申："必须附带提到，而且也是必须记载下来的，这个剧本的初次演出，不但收到了

1953年焦菊隐为再版《安魂曲》写的译后记手稿

它应有的政治效果，而且是由许多进步的、有才能的戏剧工作者合作的。"

这期间的翻译、研究工作，对焦菊隐的艺术思想产生了决定性的影响，使他进入了一个新的思想飞跃时期。其中，契诃夫的剧作是一个契机，"我是因为契诃夫而打开了眼睛，认识了应该走的途径"。契诃夫剧本独特而丰富的内容、别样的艺术表现形式，启发了焦菊隐更深刻地认识到应当从塑造人物的精神世界入手来刻画人物，应当通过人物的思想感情的自我矛盾和相互矛盾来表现一个时代，表现生活的精神实质和脉搏。

虽然有著译，有名望，但焦菊隐在那时是相当落魄的。在重庆的很长一段时间里，他一直都找不到固定的工作，穷得有时一天只吃一碗面。林斤澜在《焦菊隐与名著选读课》中形容这个时期的焦菊隐：

> 个子瘦高，背微驼，戴眼镜。衣服单薄，料多布草，又带出旧色。一副"抗战期间，一切从简"的书生模样。
>
> 有同学去过他的住处，敲门无声，推门进去，无人，亦无长物。桌上压着张条子，是留给同住朋友的，大意是：怀沙，抽屉角落里还有×元×角，你拿去买锅盔。"锅盔"乃川式烧饼，无芝麻，无油盐。若佐以一块榨菜，或一小包花生米，是流亡学生饿一日后的美食。

老友陆晶清在做特派记者时曾去重庆看望焦菊隐，发现焦菊隐在皮鞋上面套着一双草鞋。因为皮鞋只剩最后一双，要充门面的，穿破了就没钱再买。

一天，焦菊隐在街头偶然遇到了在桂林相识的冒舒湮。冒舒湮是明末四大才子之一冒辟疆的后代，他的父亲冒鹤亭是民国政界及学术文化界的名流，他本人虽在农民银行总行任部门头头，但家学渊源，结交甚广，又热爱文艺，常有文章在报刊发表。那时在银行工作是铁饭碗，工资丰厚，他见焦菊隐失业，便请焦菊隐去农民银行给行里的业余剧团排戏，不仅管吃管住，还有导演费。于是，焦菊隐欣然接受了冒舒湮的邀请，搬出了那个在他记忆中留下深刻印象的小客栈，开始为农行的业余剧团导演夏衍的剧本《水乡吟》。

在《水乡吟》即将排完时，国立社会教育学院成立了，学院里附属一个戏剧专修科，急需教授，经该科学生与科主任介绍，聘焦菊隐为客座教授，并给了一间教授宿舍。社教学院设在重庆西部的璧山，从重庆坐汽车经歌乐山、青木关到璧山约三四个小时。焦菊隐平时在重庆中青剧社搭个床位，到社教学院讲课时就住在学校给的宿舍里。

# 秦　瑾

　　就在这个时候，焦菊隐认识了秦瑾 —— 一个比他小 16 岁的女学生。

　　这是一个美丽而朦胧的梦。说它美丽，是因为无论对于焦菊隐还是秦瑾，那都是一生中最真诚的感情。这份感情使生活加给他们的苦难变得微不足道；说它朦胧，是因为这个梦虽然如此接近现实，却始终蒙着一层虚幻的薄纱。当现实生活中真实的风暴来临时，这个梦终究是被击碎了。

　　秦瑾出生在南京一个平凡但颇殷实的家庭里，母亲是中学校长，是那个年代少见的职业女性。她是家中的独生女，随母姓，又是第三代中的头一个，因此受到全家的宠爱。她从小上的是教会寄宿学校，言谈举止都要严格符合淑女的规范，一个月只准回家一次。除了课业之外，早晚做礼拜，读《圣经》，唱赞美诗。她生活在一个几乎与世隔绝的环境中，基督教义中的博爱、平等、宽容是她的启蒙教育，对社会，对人生的险恶一无所知。

　　1937 年抗日战争爆发时正值学校放暑假，秦瑾刚 16 岁，便随她那在中央政治大学工作的大舅秦翊开始了流亡生涯。本想是过完暑假再回来，没想到节节撤退，越走越远，直到重庆南温泉，走了大约一年时间。

　　在重庆，秦瑾先就读于国立二中（即现在的扬州中学）女子部，女子部与男子部相隔两个山头，平时见不着，跑警报时虽然都避在一座山，但却是两个山洞。所以秦瑾在青春期时很少接触异性，也很单纯。那时候没有电灯、无线电、收音机，更谈不上电视，也没有业余娱乐。秦瑾除了做功课外，就是看名著。旧书便宜，大家交换看，或者到图书馆借。高中毕业前，她几乎把当时翻译过来的19世纪外国古典名著都看遍了，她是通过名著了解社会、解释人生的，没有一点生活经验，只有幻想。

几十年的闯荡中，正如焦菊隐所说，他的身边不乏年轻漂亮的女性。秦瑾吸引他的，不仅是容貌，更多的是她的单纯善良。认识秦瑾时，焦菊隐已年届不惑，虽然名声在外，但此刻却是他最落魄的时期，常常一文不名。加上他的婚史和脾气，他们的恋爱是非常不顺遂的，曲折如同小说。在那段时间里，焦菊隐的确写了他唯一的中篇小说《重庆小夜曲》，来记述他们的爱情故事。故事虽然是虚构的，但其中许多的情节和细节都是真实的。就连故事主人公那烟不离手的习惯，那"听得入神时，两片嘴唇不知不觉地越撅越高，浓眉下一副单眼皮的眼睛，在很厚的近视镜片后面越眨越急"的神态，和那狂躁不安的个性，都是他本人的写照。正直、善良、怀着一腔抱负的主人公孟何之，理想和爱情最终被现实击得粉碎，但他依然顽强地和这个丑陋的世界对抗着，孤独地坚守着自己的信仰和情操。单纯的女主人公落莎，则是秦瑾的英文名字Rhoda的音译。

正是这部小说深深地打动了秦瑾。秦瑾当时正在看罗曼·罗兰的小说《约翰·克利斯朵夫》，她觉得书中主人公坎坷的命运和不羁的性格很像焦菊隐。于是，由同情而产生了爱，年龄的差距、性格的悬殊、焦菊隐此时的穷困潦倒以及别人的屡屡劝说都被爱情的光环统统蒙住。

焦菊隐曾给秦瑾写信说："这些年，我像一个幽灵，在人间飘盈，闪电、风暴、酷暑、严寒，都经历过，我飘啊，飘！直至见到你，才找到一片安宁土，我想在这片土地上停留下来，直到永远。"

秦瑾后来说，焦菊隐在人生险恶的激流中被撞击得遍体鳞伤，他太辛苦、太凄惨了。所以他需要爱，需要一种安全感。

过去，林素珊比他强，她主宰他的生活，摆布他的人生。他的家是林素珊母亲当家。林家是福建人，久住上海，生活习惯完全是南方的，来往的人也完全是林素珊选择的，焦家人很少进门，来了也并不受欢迎。焦菊隐在那个家里就像个入赘的女婿，而与自己家人的关系，就是从那时开始疏远的。早在他不得已而结婚时，爱的泉水就干涸了。

焦菊隐介绍秦瑾认识了文怀沙和徐里，他们四人一同上街，并在照相馆照了一张四人合影。因为快到旧历年了，焦菊隐说天津女人过年要戴一朵花，他特地在秦瑾头上戴了一朵粉红色的绢花。

那时的生活对焦菊隐来讲，也是粉红色的，像春天绽出的花蕾，像雨后天边的虹影。秦瑾说，焦菊隐虽然脾气不好，说话尖刻，但对她却从未发过脾气，不管正和别人发多大的火，只要秦瑾一来，一切都烟消冰释，焦菊隐的脸马上就阴转晴了。

焦菊隐的日子依然过得清苦，有时一天只吃一顿饭，但他的神情全变了，脸上写满了幸福。他和秦瑾常常一起上街，一般这个时候，他都要到街边的茶馆里去坐坐，秦瑾则在外面看书等待焦菊隐，焦菊隐出来后会很兴奋地对她谈论茶馆中的各色人等，甚至形象地模仿他们的坐相、站相以及言谈举止。一次，路过上清寺附近一家很不起眼的毛肚开膛火锅店，那个铺子很阴暗，他说"这里女孩子不能进去"，叫秦瑾在旁边的书店里看书等他。出来后他说："真过瘾，这些抬滑竿的人吃火锅没有一个是坐着的，全部是一条腿站着，一只脚踩在长凳上，形态百般，他们一边流汗，一边吃，吃的声音大极了，听了那一片呼噜噜的声音就开胃口。洋人吃饭不许露牙，不许有声音，其实那多没胃口啊！他们一个人一个表情，像雕塑，像油画，非常生动，这就是体验生活。演员们常常是为体验生活而体验生活，其实体验生活全靠随机观察积累起来的，专去体验生活，反而得不到真实的生活。你拿着本子一笔笔记，人家还得端着架子一句句地跟你谈，那会真实吗？"

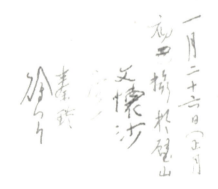

文怀沙、焦菊隐、秦瑾、徐里四人合影，照片背后是四人的签名

焦菊隐对人的观察是随时随地的，前面走着的那个人年轻轻的脖子上就堆了厚厚的几层肉，焦菊隐会说那是个典型的懒人；迎面遇到一个颐指气使的人，焦菊隐更会说，这准是个小公务员出身的人，虽然现实是发了点意外之财，得意忘形得很，可始终没能把早年生活所磨炼成的听差头目的神气掩掉。他一定是那种混在大人物中间帮闲凑趣、跑腿听使唤，好从中揩一点油水的角色。

而对于场景的描述，焦菊隐也有独到的概括，他说过四川的赶场：

> 一路望去，所有人的头上，大都缠着白布，一片白头巾的人头之波涛，在缓缓地流动着，像一个巨大的黄蜂群，发出不断的嗡嗡声。在这混杂的辨不出任何一句单独的话语的喧嚣之上，偶然浮出挑夫们"溜！溜！"的呼喊，和茶馆里伙计们吼出的"开水"的尖叫声。

在观察生活的基础之上，焦菊隐得出自己的判断，他以饮酒为例，说，饮酒是民族性格与情感的一种最好的测验。喜欢饮烧酒的民族，如俄国人和中国人，大半都把激热的感情闷在心坎里，不愿露出来；喜欢饮葡萄酒的人，如法国人和意大利人，多半好谈话和感情浮动；喜欢饮啤酒的人，如德国人和比利时的佛拉芒族，总是沉默的，一下子很难打开他的心扉给你看，可是，一经打开之后，他就很难变动他的情感。

后来，焦菊隐在导演话剧《茶馆》时，就多次强调要演员们"内心体验"和"逼真地再现生活"，把人物的感情、心理和性格动作有机地统一起来，再经过艺术上的浓缩和提炼，使之在舞台更为形象化。焦菊隐在重庆的这一段难忘的经历，无疑应是其理论积淀的源泉。

住在沙坪坝时期，焦菊隐曾为中央大学的业余剧社排过曹禺的

秦瑾（左一）在大学学生剧团排戏时的剧照

剧本《原野》，地点在一个"兄弟商店"的库房兼饭堂。业余演戏的
学生们常常"踩不住点"，焦菊隐急中生智，搬出戏曲中的锣鼓经来
控制节奏。一个学生笑着说："这答……答……答……呛还真管用，
一下子就把我给'呛'住了，要不然我还在那儿拖拍呢。"大家都在
笑，只有焦菊隐木然地吸着烟沉默不语。谁也没有想到，在这个堆
满杂货的库房里的一次业余排练，启发了焦菊隐在话剧艺术中借鉴
民族戏曲程式的想法，而且成为他日后在话剧舞台上进行民族化改
革探索的最初火花。

1944 年，焦菊隐被朋友介绍到法新社中文部做翻译工作。

法新社隶属于"自由法兰西驻华军事代表团"，由戴高乐派遣，
大约成立于 1944 年 3～4 月，后来改为法国大使馆新闻处，馆址在
重庆领事巷前法国领事馆旧址。中文部的任务即是将法国流亡政府

寄来的有关抗战的宣传稿件译成中文，向当时各大小报纸投稿，不收稿费。这些宣传稿件主要是宣传法国的科学、文化、艺术、电影、医学等方面的文章，每篇数千字。焦菊隐的职务是翻译，将英文、法文译成中文。据最早进入法新社的孙源回忆说："我们都知道他很忙，知道他是进步文化工作者，记得重庆文化界反对内战宣言，他也签了名。他与同事们相处很好，言论中也是反对国民党的。"

焦菊隐在那里的报酬相对来讲算是比较高的，生活也相对稳定。在爱情的滋润下，他的心情很好，也不再动不动发火。但他的心里丢不下戏。一次秦瑾去他的住处，在桌上的一堆《双城记》的翻译文稿中，看到他正在画的吴祖光的话剧《风雪夜归人》的舞台设计草图。他说："这个戏完全可以用另一种手法来排。我在想如果我排演《风雪夜归人》，在舞台上应该怎样处理。"很多次，在他带秦瑾看过戏回来后，兴奋不已，绘声绘色地向秦瑾解释这个戏应该怎么排会更好些。每当这时，秦瑾心里就会为他的怀才落难感到酸楚。她感觉得到，焦菊隐心中孕育的很多想法已经膨胀，但是没有实践的机会。就像一个待产的孕妇，凄凉而茫然地在寻觅产房。

1945 年日本投降后，流亡者归心似箭，有人甚至丢下房子家具乃至日用品、衣物就急急地走了。秦瑾的家人也走了，但秦瑾却无法和他们同行，因为她要到 1946 年才能毕业。从未离开过大人呵护的秦瑾感到非常孤独。当时重庆的房价急剧下跌，买房比租房还便宜。于是，焦菊隐就在离法新处不远的七星岗买了两间泥坯搭建的小屋，像许多人一样，用泥土一糊，涂上石灰。他要在这里安个家，在此陪伴秦瑾，呵护她，照顾她，然后再一同回上海。

但焦菊隐的计划抵不上变化。1945 年 10 月，于赓虞从兰州来信，请焦菊隐去兰州西北师范学院英语系任教授，并说西北师院半年后准备迁回北平，恢复北师大，这样，焦菊隐将来可以随西北师院同回北平，就不会有交通问题及回家又要找工作的问题。焦菊隐和秦瑾商量以后决定去兰州。行前，他托他的学生照顾秦瑾，并说明年暑假前一定回来接她，让她千万别轻举妄动独自乘船回上海，他像父亲叮嘱孩子似地写下一条条注意事项，与秦瑾依依惜别踏上行程。

# 第六章 | 每闻慷慨激扬辞

艰苦的生活际遇与曲折的求学之路，造就了焦菊隐敏感、孤僻的性格；与生俱来的艺术天分与强烈的奋斗感又使焦菊隐的人生渐渐充满光芒。也许正是这一段段不平凡的经历，才令他灵感迸发，将一部部经典话剧《夜店》活灵活现地搬上舞台。

《夜店》的戏剧风格贯穿并影响了焦菊隐的一生。从西方的斯坦尼表演体系，到话剧中国化的改革与创新，焦菊隐多年来难以实现的艺术梦想，正在踟蹰中露出一丝微弱的光。

# 在西北师院

1945 年 10 月，焦菊隐到位于兰州的西北师范学院上任。西北师院的前身是北平师范大学，抗日战争爆发后已经几次迁徙，1940年又奉命迁往甘肃省兰州市。在黄河边的荒滩上经过近 4 年的白手起家，才终于有了足够的校舍，可以把全校迁往兰州了。

焦菊隐到达时，师院的状况已逐渐稳定。虽然条件依然艰苦，但他在兰州的生活很愉快，和同学同事相处都很好。同事李庭芗的儿子李茂京那时刚从乡下老家转学到兰州，每个周末都和"焦伯"在一起过。他在后来给焦菊隐女儿宏宏的信中说："记得焦伯很喜欢吃酱蘸大葱，爱听赵义庭、李兰菊的河南梆子，而且也特别喜欢我。"他还记得，焦菊隐鼓励李庭芗写了《还乡断简》，并为这本书写了序言。焦菊隐离开兰州前，还曾为这本书的出版四处奔走，可惜未能如愿，只来得及在报纸上连载。焦菊隐与李庭芗父子的通信一直延续到1953年。之后，他们父子先后在不同的政治运动中受到冲击，生活一直不顺心。李庭芗多次想给焦菊隐写信，都被儿子拦下了。他只看到报纸杂志上频频出现焦菊隐的名字和文章，认为以他们

焦菊隐与同事李庭芗教授合影

90

的处境与焦菊隐联系，"对焦伯这样一个有名望的人是不好的"，他并不知道1958年之后的焦菊隐，其实自身也在风雨飘摇中，他的内心苦闷外界无人得知罢了。之后就是一连串的政治运动。"文化大革命"结束后，李庭芗立即到处打听焦菊隐的下落，当他确知焦菊隐已经离世时，老泪纵横，写下了很多纪念焦菊隐的小诗。其中一首名为《悼念焦菊隐挚友》：

> 兰州一别白驹飞，惆怅衡门百事违。
>
> 盛世争相觅新句，抄家岂能存旧题。
>
> 佳作每因伪书斥，假金常被火炼非。
>
> 年初得讯君离世，而后疑难请教谁？

在兰州不到两百天的日子里，焦菊隐给留在重庆的秦瑾发了三百多封信。他告诉秦瑾："我一讲课全校旁听生连窗外门外都挤满了，大家说自鲁迅以来，我是听课学生最多的教授。人实在渺小，只要付出的劳动被人们肯定，就满足了。我一次也没有跟人发脾气，一个在幸福中的人总是宽容的。"

焦菊隐在西北师院的时间不长，但是一直很受学生欢迎。直到"文化大革命"外调时，很多该校的学生、助教仍坦然承认那时"对他崇拜得不得了"，"他很有学问，大家都拥护他"。当时的学生常林炎回忆说："选修先生课的同学极多，讲坛只能设在第七教室，因为它是全校最大的一个教室。一个时期，一些全校性的大集会都在这里举行。先生一上课，便座无虚席；抢位子，占凳子者大有人焉。一个可容数百人的场地，总是挤得满满当当的。这并非单纯处于慕名，它确有实际的原因：焦先生的教学确有其独特的成就。当时的一般大学教授讲课，多半只重内容，不讲方法，而先生与众不同，两者兼顾。从语言到教态，富于生动性，直观性，津津娓娓，引人入

1945年焦菊隐在西北师院

胜。讲悲剧，听者也悲；讲喜剧，听者也乐。他善于发挥其学者兼艺术家的自我优势，使每节课都能酿成积极的课堂效果。如果说课堂教学也是一种艺术的话，那听先生讲课，便是一种高尚的艺术享受。"他总结焦菊隐的教学特点为"实""博""新"。"实"，就是理论联系实际，他讲戏剧，总是联系演出、导演、表演；讲小说，总是联系创作，概括生活，塑造形象；这是他长于一般只有理论知识的教授的地方。"博"，就是博古通今，广收博采，从莎士比亚的《罗密欧与朱丽叶》到京剧小戏《一匹布》，从《金瓶梅》到《双城记》，凡能为他教学所用的，皆可信手拿来，纳入他的讲授范围。"新"，就是方法新、视角新、观点和学风新。据他说，焦菊隐在 40 年前，就已在实行开卷考试了。他不搞对学生不信任的课堂监考制，也不只从考分看学生的实际水平。他注重让学生开阔视野，学得愉快，结果大家学得也都不错。常林炎后来说："青年人是最富于崇拜性的，只要他崇拜谁，就没有不受谁影响的。在当时的文科学生中，焦菊隐的崇拜者何止一人！受其影响者，也就何止一个人、一个班、一个系！"

　　焦菊隐受到学生的爱戴和拥护，并不全因为他的学识。和过去一样，在学生的合理要求和当局发生冲突的时候，在学生需要援手的时候，他总是义无反顾地站在学生的立场上。作为教授代表之一，他都是站在请愿队伍的最前面的。

# 参加"师大的新五四"

1946 年暑假，经过很长一段时间的争取和努力，西北师范学院终于得以返回北平，焦菊隐接替于赓虞担任了英语系主任。在此之前，焦菊隐提前离开兰州，大家都来欢送这位最受人爱戴的教授。回顾他的前半生，无论是在中华戏校，还是在广西大学、江安剧专，哪一次离开不是黯然伤心？只有这一次，他心情愉快，领略到一个集体的温暖，使他的自尊心得到了极大的满足。

他长途跋涉从兰州赶到重庆去接秦瑾，但从重庆到上海，小汽轮的票已订到两年后了。他们只有买汽车票，走川陕公路，翻过秦岭到西安，再从西安到洛阳，乘陇海路火车转津浦路。这一路非常难行，他把好的位置让给秦瑾坐，危险靠边的地方自己坐；怕她的脚肿了，

1946年人间文艺社欢送焦菊隐离开兰州的纪念合影

1946年西北师院的学生们欢送焦菊隐离开兰州的纪念合影

焦菊隐与中华戏校、校友剧团中的学生在新中国成立后合影

让她把脚抬起来放到自己腿上。经过三国故道时，秦瑾说他有点像周瑜，有才，但是太狭隘，他默认了。在张良庙前他们还照了一张相，两人满面黄土，狼狈不堪，他说："让我们留张患难与共的纪念吧！"尽管关山险阻，但他们都沉浸在对未来生活的憧憬之中，谁也不会想到，他们的婚姻竟会半途夭折，而这张患难与共的照片也最终丢失，只有心底的誓言和绵长情意留在古道朔风之中。

焦菊隐把秦瑾送到上海，没待多久，便回北平了。

回到了北平，他的社会活动多了起来，他对于戏剧的梦也苏醒了。他变卖了家产，开办了"北平艺术馆"，并召集了一部分当年中华戏校的学生，成立了"校友剧团"。这时，西北师院的校名已恢复为北平师范大学，焦菊隐不再对外系的学生开选讲课，但是他仍然是一个尽职尽责的系主任。他在英语系开的"狄更斯"和梁实秋同时开的"莎士比亚"被称为"英语系双绝"。这两名教授各有其专长，但同样以幽默风趣、讲课生动而被学生推崇。平日里，两个人都常穿深色西服，都戴眼镜。不同的是，焦菊隐的眼镜是银丝框的，梁教授则喜欢黑色的牛角镜架。到了北平解放前夕，"英语系双绝"却走上了殊途不同归的路。一个选择去了解放区，另一个却去了海峡对岸。这以后两个人的经历和结局，就是人人都知道的了。

在繁忙的教学和排戏之余，焦菊隐并没有忽略和学生的互动。课外，他给学生借书，开必读书

1949年北平师范大学给焦菊隐的聘书

单；帮助学校的进步学生团体排练戏剧，还经常自掏腰包请对戏剧有兴趣的学生看戏。当时都说"北大老，师大穷"，上师范大学的多是些家境清贫的孩子，让他们自己花钱买票，很多人是看不起戏的。为了让这些学生们不耽误课又看上戏，焦菊隐有意把艺术馆的彩排和连排安排在星期天的上午。很多爱好文艺的学生至今仍忘不了焦菊隐在星期天带他们去建国东堂看《夜店》的排练，看《孔雀胆》《桃花扇》和《铸情记》。这些教学以外的活动拉近了师生间的距离，学生们对焦菊隐从最初的崇拜但敬而远之，到后来的信任、亲近，无论是讨论学业还是谈论时局，在他面前都可以开诚布公。当时学生中的地下党员在组织活动前，常常会去焦菊隐那里通气，争取支持，甚至会拉他去代替家长主持婚礼。

常林炎说："'浩劫'期间，一个劲地批判'师道尊严'，不允许有师生之情。他们甚至把人间一切纯真美好的感情都说成是不存在的、虚伪的，看作是阶级感情的敌对物。然而，同学们对焦先生的感情却是纯真的，宝贵的。要不然，见利忘义，忘恩负义才对吗？40年过去了，七教室里，建国东堂，'实''博''新'的丰厚赐予；十里店上，和平门外，春风化雨的润泽，却是永远不能忘却的。"

1947年，北平的政治局势日趋紧张，形势逼迫得每个人都必须有一个明确的态度。在学生们的眼中，焦菊隐、叶鼎彝、张云波、徐云超等几人是所有进步教授中最值得他们信赖的，也是对学生运动最支持的。那年"五四"纪念日前，师大学生在地下党领导下，准备国文、英语、历史、地理四个学会举行纪念活动，并邀请一部分教授在会上讲话。焦菊隐不仅同意在会上发言，而且提醒学生这是师大第一次组织这样的活动，要注意防范有人破坏。当天果然有一些人企图扰乱会场，气氛一直很紧张。焦菊隐在发言中说："五四时代，要求民主和科学。三十年过去了，中国依然是一个没有民主、没有科学的国家。很多人都希望科学救国，但是，没有民主，科学也救不了国。我们今天的使命，首先是要争取民主。"焦菊隐讲的，是他自己的切身感受。从中华戏校、广西大学到江安剧专，一路走来，他一直在争取一个科学的、民主的教学环境，梦想着在一个科学平等的校园里为整个的国家和社会培养有用之才。他多次在报纸上发表文章，呼吁党团退出学校，还学校以民主自由的学习环境。现在他终于明白了，在一个没有民主的国家里，是无法期待一个民主的校园的。无论他个人如何挣扎、如何努力，他的梦想只能是空想而已。当天除焦菊隐外，闻家驷、游国恩、叶鼎彝也都在会上讲了话。

这是师大的教授第一次在进步学生的集会上公开讲演，大大地鼓舞了学生的斗志。这次活动，也被称为"师大的新五四"。

这年的秋天，国民党在战场上不断失利，对人民的镇压也越来越疯狂。9月底，在北平的户口大检查中，逮捕了燕京大学、清华大学、北京大学的9名学生，同时扬言要进行大逮捕。师大地下党决定发动同学反击，组织了"和平社团"，走访教授同学，争取支持。据当时的党员学生徐康回忆，大多数教授出于安全考虑，都劝告学生安心读书，避免发生意外，但焦菊隐和叶鼎彝则支持学生的主张。焦菊隐说："如果你们能够采取罢课行动，在困难的环境中显示出团结的力量，学校当局是会有所顾忌的。""和平社

焦菊隐在北平师范大学办公室

团"于是发表了《致师长书》，发起了签名罢课，反对迫害的活动，四百五十多名学生签字支持，实际上形成了全校停课，冲破了弥漫学校的恐怖气氛。

同年秋天，师大的文科大楼落成，名为"筱庄楼"，英语系迁入了筱庄楼三楼。当时英语系的公共课程较多，同学们希望多上专业课，而课程是学校定的，系里无法改变，学生们把要求反映给焦菊隐后，焦菊隐就运用自己在学校的声望和地位，为系里争取到了八台短波收音机，放在英语学会，供学生直接收听"BBC"和"美国之音"的广播，练习听力。实际上，徐康等地下党员学生常常利用这些短波收音机收听解放区电台的广播，并把重要的新闻记录下来，写成传单在学生中传看。直到有一天，焦菊隐被校长找去谈话。他回来后马上把徐康找到办公室，提醒他："人家告到校长那儿去了，说你们在英语学会收听解放区的广播。校长特别找我谈了这件事。听解放区的广播，我当然不反对，但你们要特别当心，他们是不会只向校长一人告状的。"从此，学生们就特别注意，每晚等到大家熄灯就寝后才去收听新华电台的新闻。但这件事终究还是没有瞒住，成为震惊平津的师大"四九"血案的起因。

1948年3月底，国民党政府查封了"华北学联"。为了保卫学校，平津八个大专院校从4月3日起开始罢课，4月6日，各大专院校的讲师、助教和工友也加入罢工、罢教。这一波声势浩大的学运使国民党当局恼羞成怒。4月8日，北平警备司令部传讯北大学生自治会12名学生未能得逞。4月9日深夜，大批特务闯进师大，毒打并逮捕了八名学生，强行抢走了英语学会的两台收音机，砸毁了其余六部，设在筱庄楼的学生自治会办公室、行知图书室、历史学会、教育学会、英语学会及英语系所有教室全部被捣毁。

血案发生后，师大的学生自治会与和平社团立即组织学生守卫学校，赶写抗议快报，联络各大专院校采取一致行动，并设法通知学校当局和各系主任商讨营救被捕同学。当时正在实行宵禁，住在校外的教职员都无法进校。学生们知道焦菊隐有夜里写作的习惯，便立即向他家打电话，告诉他学校发生的一切，并请他设法通知代理校长黎锦熙尽早赶到学校。

第二天天刚亮，焦菊隐和黎锦熙就赶到了学校。看到学生宿舍的墙上、地上、床上都溅满了学生的鲜血，两个人都流下了眼泪。焦菊隐建议召开教授会商议营救办法。他在教授会上报告了英语系两年的心血被毁于一旦的惨状，并且声明："昨天有人散布谣言，说在英语系抄了共产党的电台。英语系的收音机是为学生收听英语广播用的。有人说它是共产党的电台，这纯属故意栽赃！现在有的被砸坏，有的被抢去了。当局要将抄去的收音机原物送还，让大家看看是不是电台。"

当天上午，师大学生在学校开了控诉大会，并发表了《告世界人士书》，由学生董桂枝译成英文后发给各国通讯社，随即奔赴国民党北平行辕请愿。北大、清华、燕京、朝阳等各院校师生也都先后赶到，在新华门前形成了六千多人的示威队伍。下午，师大四十多名教授，由各系主任带领赶到行辕请愿。黄国璋教授代表全体教授宣布"从今天起无限期罢教，被劫学生不安全脱险，我们就誓不复教"。学生和教授坚持惩凶、赔偿、保证安全三项要求，罢课罢教一直坚持到 4 月底，其间教授会连续四次发表宣言。各大学师生和学校当局的一致行动，迫使北平行辕及北平警备司令部做出了让步。他们不仅在当天释放了师大的八名被捕学生，撤销了对北大 12 名学生的传讯，而且最后不得不发表联合公函："职司治安，疏于防范，公私交责，愧憾何似。饬属严究肇事责任，依法惩办 …… 至于贵院此次所有损失，当负责妥为弥补。"这次的反迫害斗争终于以胜利结束。焦菊隐在平日对学生行动的掩护和事件中对学生的力挺赢得了学生的进一步信任，被学生们认为是师大支持学运最有力的教授之一。

焦菊隐在 20 世纪 50 年代初期就离开了学校，但和学生们一直保持着联系，经常邀学生到家里吃便饭，闲话家常，也一如既往地每次排出新戏都不忘给他们送票。师大师生对他的关怀一直延续到"文化大革命"中。虽然失去了联系，当年的同事和学生们仍然在努力地到处打听他的消息。徐康在自己失去人身自由前，曾一次又一次地拖着有残疾的腿到焦菊隐"文化大革命"前的最后住处 —— 干面胡同二十号的小院探视，希望能得到些焦菊隐的消息。他不知道，焦菊隐那时已经被关进了"牛棚"，不仅被抄家，而且已"扫地出门"，那个家早就不存在了。站在纷纷扬扬的雪里，他曾幻想过不可能发生的奇迹：门忽然开了，老师就站在面前 …… 但事实是不管他怎样叫都无人应声。他想起了"程门立雪"的故事，感到自己已是"立雪无门"。在得不到任何焦菊隐的确切消息时，常林炎甚至希望焦菊隐已经死了，"觉得死了倒少受活罪"，"因为那时，好人连连弃世，似乎是不容他们在世了"。在焦菊隐的追悼会终于召开时，徐康送上了一首小诗：

尝忆筱庄风雨时，每闻慷慨激扬辞。

十年演乐千杯话，一曲龙须万户诗。

鬼蜮含沙遗恨事，无门立雪满悲思。

故园又见芳华茂，何处重寻傲干枝。

# 《夜店》的改编与排演

1947 年，北平的政治形势十分严峻。解放军刚刚撤出延安，还没有转入全面反攻阶段。国民党的镇压和狂征暴敛已经到了疯狂的地步。多年生活在日本人和国民党的严酷统治下，人民渴望反映他们的生活，给他们理想，给他们希望，说出他们的痛苦和他们的愿望。

焦菊隐与《夜店》演员合影

就在这个时候，演剧二队约请焦菊隐导演多幕话剧《夜店》（柯灵、师陀根据高尔基原著《底层》改编）。1943 年此剧的改编本问世后，相继在上海、南京、重庆、汉口等地上演。在北平，由专业剧团排演，演剧二队是第一次。

经过精心改编，《夜店》

焦菊隐《向史坦尼斯拉夫斯基学习》手稿

已经中国化了。以中国的场景表现中国社会下层生活的一角，赋予了中国人的形象、中国人的情感与思想性格。这出戏，没有曲折的故事情节，仅仅是一群人的一个生活片断，有人称之为"一幅群像的素描"。这些人物各具自己的血肉与灵魂。剧本通过真实的典型人物的心理刻画，表现时代和生活的面貌。排这类戏，要求通过舞台形象，展现真实的生活。

二队曾在艰苦的抗日战争环境中，深入群众，宣传抗日，同时注意提高艺术修养。他们学习过已译为中文的一部分斯氏体系的论著以及有关他的文章，也在追求现实主义的舞台艺术。焦菊隐和他们不仅在艺术上找到共同语言，而且在政治倾向上也取得共鸣，那就是暴露旧社会人民生活的苦难，宣泄对反动黑暗统治的怨愤。

但是上演这个剧目是有一定难度的。首先这个剧本是两个人合译的，作者柯灵也认为原来的改编本不统一，两个人的风格、笔法都不大一样。其次，当初的改编本是用上海方言写的。同时为了突出社会问题，突出"是谁把他们变成'他们'"的主题，在情节上也做了一些变动。从接受合作起，为了使这个戏更具有生活气息，焦菊隐搬到演剧二队住了二十多天，对其中台词逐句做了"北方化"

《夜店》剧本手稿

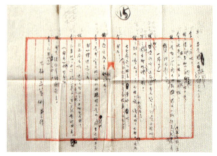

《夜店》剧本手稿

的加工。经过焦菊隐改动的剧本，平面的东西立起来了，人物语言也精炼而生动了。当时二队的演员冉杰说："焦菊隐对北平的下层生活很熟悉，而且是充满热情的。因此这不仅是中国的《夜店》，而且是地地道道的北平的《夜店》。"

为了在舞台上表现"真实生活场景"，塑造有血有肉的人物形象，焦菊隐要求从生活出发进行创造。尽管在当时的国统区，政治环境恶劣，但演员和舞台美术设计排除各种干扰和阻力，深入生活，观察体验。如扮演小旅店老板闻太师的演员，就曾到北平天桥的鸡毛小店扮作旅客住宿。剧中私娼和老板娘的扮演者，在男演员的"卫护"下，女扮男装，到北平最下等的妓院观察生活。焦菊隐要求演员在台上以人物的身份在生活，而不是以演员身份演人物。为了引起演员在舞台上的真实感，他甚至提示舞台美术设计在布景里的床铺上显示碾死臭虫的血迹。演员的服装也都从天桥贫民区买来改制。

当时在二队的夏淳回忆说："那个时候，我们也常提向生活学习。但是，自觉地把体验生活与创作结合，却是从焦先生排《夜店》开始的。"饰演戏子的田冲曾经问过焦菊隐："戏子究竟是谁呢？有没有这么一个人呢？"焦菊隐说有，"我接触的这种人太多了"。他给田冲讲他知道的几个戏曲名角的遭遇，如刘鸿声、汪笑侬、韩世昌等，讲他们红的时候什么样，潦倒的时候什么样；日本人时期什么样，国民党时期又什么样。田冲觉得焦菊隐排《夜店》的感觉绝不是从接到剧本时开始的，也许是从很小时候的印象逐渐积累起来的。"生活大家都经历过，但从生活中能抓到东西又是一回事。"

排《夜店》，是焦菊隐学习运用斯坦尼斯拉夫斯基体系的初步实践。焦菊隐要求在舞台上出现"真实的生活"，不是为真实而真

实，而是要通过真实，表现出剧本内含的社会现实意义。他在 1947
年 4 月 26 日《新民报》上发表的《关于〈夜店〉》一文中，谈到自己
导演构思时说："这些流氓、地痞、小偷、私娼 …… 社会的垃圾 ……
可是，当这些单独的人物聚拢在一起，聚成了一个下层社会的完整
面貌时，无论什么人都会寄予同情 …… 不平，愤恨，并且想打击造
成他们悲惨命运的原因 …… 我把垃圾堆里这些可怜的病虫和他们
生活的面貌，呈现在广大观众面前 …… 大家都该好好看一看，好好
想一想 —— 是谁叫他们变成'他们'的？"在剧终时，焦菊隐加
了两句台词，让赖皮匠疯狂地叫喊："希望在哪儿啦？希望在哪儿
啦？"这愤怒的控诉，突出了剧本的主题思想。

1947年《夜店》在建国东堂的演出说明书

应观众要求，《夜店》加演的海报

改编后的剧本结束在
两个问号上：赖皮匠的台
词"希望在哪儿啦？"和
焦菊隐的文章《是谁让他
们变成"他们"的？》，
对这样的结尾，当时是有
争论的。有些人认为结尾
太灰色了，应该有一个光
明的结局。"希望在哪里
是很清楚的，为什么还要
用问号呢？"而焦菊隐在
这个问题上是坚持的。他
以为整个戏发展下来，这
是必然的结果，结论可以
由观众去做。"生活没有

解决的问题，为什么戏一定要走在前面呢？"如果非要让作者、导演硬安上个光明的尾巴，就失去了感染力，失去了含蓄的力量。

　　《夜店》于 1947 年 4 月演出，连演三十多场，它以新的气息轰动了北平的剧坛。原演剧二队的副队长彭厚嵘后来回忆："那时剧场演戏秩序很乱，熙熙攘攘，台下谈话的谈话，说笑的说笑。但最特殊的就是这一次。从开始演出到散场，没有人说话，没有声音。一直到散场出来，都是很沉静的，没有人讲话，好像有一种什么沉重的压力。"剧评家徐盈在致马彦祥的信中说："编剧、导演、演员通力合作，在污秽的场面中魂灵透出清洁，在被污辱中显示了力量……《夜店》的全体工作者的努力，在北方戏剧史上掀开了新的一页。"

　　《夜店》的演出之所以新，就在于它以活生生的人物以及生活场景吸引着观众，使人们透过舞台艺术形象，意识到社会现实而有所领悟。一向只被人看作学者教授的焦菊隐，他杰出的导演才力，第一次引起人们的关注。

# 北平艺术馆

焦菊隐当时的生活条件，已比重庆时有所改善，但是，为了便于排演，他搬到条件很差的二队驻地的一间小屋里，与演员们共同过着清苦的生活。他全心倾注在工作里，同演员讨论导演构思，畅谈艺术理想，往往通宵达旦。

这一次与二队融洽愉快的合作，使焦菊隐对实现自己的抱负增添了信心。在演剧二队和中共北平地下党领导的祖国剧团的支持鼓励下，焦菊隐筹建了北平艺术馆。其中包括戏剧、电影、美术、音乐、舞蹈5个部分。戏剧又包括话剧与平剧（即京剧），其设想的规模之大，就是我们今天的艺术院校也很难匹敌，所以，在当时那种条件下，根本不具备成功的因素。但焦菊隐却雄心勃勃，选定馆址、邀集同人、经济安排，他都亲自筹理。对他来说，这不仅是组织一个文艺团体，而是实现他多年梦想的开端、一个远大抱负的起始，他太需要有一个团体来实现他多年来积累的艺术设想了。而对于演剧二队来说，在恶劣的政治环境下，也在做向解放区撤走的准备。为了防止形势进一步恶化时，被强迫去演"戡乱戏"，二队在撤退之前需要有一个缓冲转移的民间职业剧团。于是与焦菊隐商议，由焦菊隐出面来办，二队抽调一部分演员参与演出。北平艺术馆于1947年11月1日成立，首先建立了话剧和平剧两个实验剧团。第一个话剧，焦菊隐选排了夏衍的《上海屋檐下》。这出戏明摆着是不赚钱的，而且当时的政治形势也很不好。田冲曾经问过焦菊隐为什么要

在这个时候排《上海屋
檐下》，焦菊隐没有正
面回答，只说："在目
前情况下，希望能演一
个夏衍的戏。"田冲把
这理解为"一个人的思
想倾向 —— 追求光明，
逐步向党靠拢"。这个

1947年北平艺术馆演出《上海屋檐下》的说明书

戏的主要演员如田冲、王皇（蓝天野）、袁敏（冉杰）、罗泰、梁国
璋（梁菁）、赵辛生（赵寻）、蓝光等都是演剧二队派来协助艺术馆
工作的；于是之、丁力、黄宗江、朱家琛等，则是从南北剧社借调来
的。12月，阳翰笙又从上海写信，介绍来沈曦（辛纯）、张尧、吴隆
绥、黄群、唐远之5人，都是准备去解放区，需要在北平暂时落脚，
等待机会的。在《上海屋檐下》的演出之后，这些人就都转入了北
平艺术馆。这一段时期，焦菊隐同田冲、夏淳、胡宗温、蓝天野、苏
民、于是之等人的合作，为他们解放后在北京人民艺术剧院共事，
在艺术上的相互了解信任，打下了基础。平剧部分的第一出戏，是
欧阳予倩的《桃花扇》改编的，称为《新桃花扇》。基本演员有高玉
倩、王金璐、沈金波、李金鸿等人，助理导演为储金鹏，都是当年中
华戏校的学生。艺术馆的演出强调了原剧本中的爱国主义，舞台处
理上也有很多创新，比如在台上搭布景，打彩色灯光。与此同时，国
民党北平市宣传部也策划了一出《桃花扇》，用老演员按老路子演，
演员阵容很强，宣传也很卖力，但是加上一些不伦不类的戡乱台词，
借骂李自成宣传反共，引起了观众的反感。两个《桃花扇》就这样
打上了对台，但当时舆论上是倾向艺术馆的。演员对此也有所感觉，

1947年北平艺术馆平剧团《桃花扇》演出本

因此，老《桃花扇》的演员很聪明地在台上自己加了两句词："此剧是名人所编，小子是照说一遍。"

艺术馆成立时期，解放战争已进入反攻阶段，国统区的人民民主运动一浪紧接一浪，国民党反动统治在灭亡前的垂死挣扎中，更加紧迫害进步力量。对北平艺术馆的活动，他们自然视为眼中钉。1948年初，在艺术馆上演第二出话剧，黄宗江的作品《大团圆》时，北平的政治形势已经越来越紧张。《大团圆》演出期间，几乎不断地有国民党社会局、警察局派人来干扰，一会儿说剧本送审的手续没办，一会儿又说艺术馆立案还没批下来，要停演。不久，开始大批逮捕学生和进步青年，许多支持艺术馆的文艺工作者也被国民党列入逮捕的黑名单。形势是越来越严酷了。随着解放战争节节胜利，国民党白色恐怖加剧，大批进步青年走向解放区，二队的骨干也分批撤退了。虽然艺术馆的戏受到欢迎，但是基本观众已经流失，票房收入已经难以为继，无法支撑庞大的开销。焦菊隐为了艺术馆已经是倾家荡产，债台高筑。不仅卖掉了六叔六婶留给一家孤寡遮风避雨的最后一所房子，甚至无力埋葬父亲已停放在庙中十多年的灵柩。为此，他的族人一辈子都没有原谅他。

艺术馆终于解散。顽强的焦菊隐后来又组织了以一部分原中华戏校学生为成员的校友剧团。由他将莎士比亚名剧《罗密欧与朱丽叶》改编为京剧《铸情记》，并担任导演。这是第一次在中国将莎翁的戏搬上京剧舞台。其中焦菊隐有不少创新。剧中人穿的是京剧服装，京剧的唱念做打，用的却是话剧的分幕制和立体实物布景，连聚光和追光都用上了。"情场斗剑"的一场戏，王金璐和李金鸿别出心裁地设计出了一套新式剑法，虚虚实实，且带着响声，看上去别开生面，又相当惊险，在台上大受欢迎。

到了 1948 年夏天，平津战役已经打响，时局越来越紧张。焦菊隐经常在晚上约一些进步学生到家里，悄悄收听解放区的广播。国民党特务居然借故冲进他的住宅搜查，他也上了被通缉的黑名单。人格受侮辱，艺术受摧残，法西斯暴行使焦菊隐激愤，而另一个充满光明和希望的世界正向他召唤。

1948 年冬，在中共地下党的安排帮助下，焦菊隐冒着严寒和风险，毅然投奔解放区 —— 石家庄。

1949 年 7 月，焦菊隐与秦瑾在上海结婚。经过了整整 7 年备尝艰辛的苦恋，他们终于走到了一起。其间，不断有人劝说秦瑾不要和焦菊隐好，徐悲鸿的前妻蒋碧微曾是秦瑾的老师，她在离开大陆

1949年焦菊隐与秦瑾在上海结婚

1949年焦菊隐和秦瑾在婚宴上

1950年焦菊隐在北京师范大学西语系任系主任时，与部分师生在北师大二院合影

前，还语重心长地对秦瑾说，艺术家是靠不住的，他们太活跃的思维和太不安定的个性会使婚姻成为悲剧。但秦瑾却全然不听这一切，她觉得焦菊隐是一个可托终身能患难与共的人，像她的父亲，像她的老师，像一个最好的丈夫。她想，到北平，不管吃多大的苦，一定布置一个好的家，让焦菊隐安安静静地做学问。

新中国成立后，焦菊隐被任命为师大文学院院长，兼西语系系主任、音乐戏剧系教授、校务委员和公会主席，虽然他多次向妻子保证，这辈子再也不搞戏了，可谁能阻止他对戏剧飞蛾扑火般的追求？又有谁能熄灭他对戏剧终生不渝的爱？连他自己也不能！

第七章　《长征》与《龙须沟》

在与秦瑾结婚后，焦菊隐漂泊的心安定下来了。也真的迎来了艺术生命的一次重要转机，一九五一年，他应北京人民艺术剧院院长李伯钊之邀，导演著名作家老舍的话剧《龙须沟》。为此，焦菊隐闭门谢客，花了整整七个昼夜，整理出《龙须沟》的舞台演出草本。《龙须沟》演出盛况空前，老舍获得北京市人民政府授予的「人民艺术家」的称号，而戏剧界则认为该剧是「五四以来戏剧艺术——特别是导演艺术最高成就之一」。

# 排演《长征》

焦菊隐带着新婚妻子回到北京，住在西城于抚院胡同（今育抚胡同）一个小四合院里。这个院子有四间小北房，母亲和三姐住一间，一间书房，一间客厅，他和秦瑾就挤在最小的一间屋子里。因为买房的钱未付清，所以原房东杨某也未搬走，还住在东房。西屋放的全是装满了书的木箱子。即便是这样，仍有几个箱子放不下，暂时存在师大老师李庭芗家。为此，焦菊隐心里很过意不去，总对妻子说："本来应该把家安定好了接你来的，可是这两年我是在滚刀山，没有过一天像样的日子。"

那时，家里来往的人，都是师大的师生们，还有一个曹靖华，他家离焦菊隐家很近，晚上便常去焦家聊俄罗斯文学，并约焦菊隐翻译俄国托尔斯泰的小说集。1950年，刚成立的北京人民艺术剧院排生产大歌舞，也让一些青年演员到他家去请教，有的演员为此还有情绪，说干吗非找个洋博士做指导？他下过地吗？种过庄稼吗？什么生产劳动也不懂，真瞎掰。但

1950年刚来到北京的秦瑾，和焦菊隐住在于抚院胡同

是第一任的剧院院长李伯钊还是力排众
议，请焦菊隐排了她所创作的三幕九场
歌剧《长征》，于是之就是在那出戏里
第一次扮演了毛泽东。那时的人艺除了
话剧队外，还包括歌剧队、舞蹈队、昆
剧队、管弦乐队和军乐队，是一个综合
性的艺术团体，也就是后来人们口中的
"老人艺"。李伯钊说："那时候的工作
是艰苦的，纷繁的。焦先生来后就不辞

《长征》说明书

辛劳地担负了这么复杂的一个团体的导演工作，那时候大家就叫他总
导演。其实那时候还没有这个职务，后来真的成了总导演。"

# 《龙须沟》是光辉的代表作

1951 年，北京人民艺术剧院院长李伯钊约请刚从美国讲学归国的老舍创作了多幕话剧《龙须沟》。这是新中国成立后排的第一部话剧，新成立的人艺对此十分重视，要找一个与老舍声名相当的导演，决定请在师大任教的焦菊隐担任。

剧本送到焦菊隐家时，他恰好不在家，来人对他的妻子秦瑾说道，因为是老舍先生的剧本，总得找个与老舍声名相当的导演，所以请焦先生给排这个戏，并强调这是统战工作，是政治任务。

焦菊隐回来后，一听说是政治任务，是统战，马上大发雷霆。

联想到自己这些年的境遇，他更觉得委屈。在师大时，他为被逮捕的进步学生日夜奔走；为了排戏和组建北平艺术馆，把祖产房屋和古版的四库全书都卖了，还背了一身债。他认为，自己干的这一切共产党都清清楚楚，可是到石家庄解放区开会时，别人有说有笑地聚在一起，讨论进城后干什么，却把他晾在一边，管统战的徐冰对他说："我们反复研究了你的问题，觉得搞教育工作对你很合适。"言外之意是你别再搞戏了。第一届戏剧家协会成立时也没有焦菊隐，他研究了这么多年戏剧，满以为解放后会有用武之地，却依然被排斥在外。于是他把本子往桌上一扔，一肚子怨气地说："现在他们要搞统战，又来找我，我就那么贱？"说到伤心处，他不由得哭起来。

可怨气归怨气，真的打开了剧本，他就完完全全变成了另一个人。

《龙须沟》是新中国成立后第一部反映首都劳动人民、歌颂新北

京市政建设的大型话剧。它选择了北京人民生活中常见的大杂院作为剧中主要场景，勾勒出一批有血有肉的人物形象。这出戏没有曲折的戏剧情节，也没有陈旧的套数，舞台上出现的是老百姓的日常生活，看似普通平淡，但却蕴含"社会主义好"这样一个巨大的主题思想。

那个生活场景，对焦菊隐来说，是再熟悉不过了，仿佛又将他带回童年生活的大杂院；而戏中的人物，更是似曾相识，他们的脾气秉性和言谈举止、他们的愁苦和欢乐时时牵动着他的感情。这些，无疑对焦菊隐具有极大的吸引力。所以，一进入剧本修改过程，他整整七天七夜没上床，困了就趴在桌上睡一会儿，烟灰缸里满满的烟头过不了多久就要清一次。连妻子都纳闷，几天前，他不是还吵着拒绝排这个戏吗，为什么摊开剧本后，又这么认真地燃烧自己？

此时的焦菊隐不可能预料到，这是他人生中一个重大的转折，他多年来对于戏剧的深入研究和理论探讨，将从此在实践中丰富完善；而人艺给他提供的舞台，加之当时的国情时世，也将为其导演艺术走向巅峰奠定基础。

当时，也曾有人善意地担心："排《龙须沟》，如果导演处理不好，可能成为一出活报剧。"但焦菊隐却说："《龙须沟》仿佛是一座嶙峋的粗线条的山，没有生活经验地去看，粗枝大叶地去看，表面上是一无所有的。然而，这里边可全是金矿。这一次，我们

《龙须沟》部分演员合影

懂得挖掘了，所以才发现了宝藏。"

经过《夜店》的排演实践，焦菊隐更体会到生活对导演艺术创造的重要。他在1951年写的《导演的艺术创造》一文中说，作为导演的出发点，应是"不但要把自己和剧作家的思想与感情结合成为一体，以发挥他的创造性；更重要的，还必须和他所要创造的人物的生活、思想与情感结合在一起。他应当生活在他所要创造的生活和人物当中。因此，他必须掉进生活，向生活学习"。

这个时候的北京人艺还只是一个包括歌剧、话剧、舞蹈、乐队等的综合艺术团体。话剧队的演员不过二三十人。除了像叶子这样有多年舞台经验的老演员，不少是舞台经验不多而且缺乏生活经验的年轻人。即或有几个过去的职业演员，表演方法也不一致。但是，他们都有一个反映现实生活的共同愿望以及为戏剧事业献身的满腔热忱。在这一点上，他们与焦菊隐是合拍的，尤为重要的是，他们尊重信赖焦菊隐，愿意按他的指示深入生活，向生活学习，创造真实的舞台艺术形象。导演和演员下了决心："就这点儿水儿，和这摊儿泥！一定要把戏排出来，而且要排好！"

排演《龙须沟》时正值龙须沟修治过程，这对演员不啻是一个亲身体验生活的好机会。夏日炎炎，到处是烂泥尘土，热风中，沟水的腥臭气味熏得人喘不过气来。在焦菊隐和他的两位得力助手金犁和凌琯如的指引下，剧组里不论是演员还是舞台部门或其他有关

焦菊隐和副导演金犁、助理导演凌琯如

成员，一律到龙须沟体验生活，感同身受那里的恶劣环境，和居民们交朋友，了解他们的思想情感和性格特征。

一天晚上，大雨瓢泼，龙须沟派出所打来电话："这正是你们体验生活的好时

*《龙须沟》剧照：程疯子与小妞子打水回来*

候，要来可以马上来！"演员们立即出发，焦菊隐也及时赶到。在泥泞中，他们深一脚，浅一脚，一直待到后半夜。暴雨之中，沟还没填平，雨水溢出来，夹杂着五颜六色的各种垃圾和奇臭的沟水，流进住户的低矮住房……民警们正在蹚水背人，演员们也帮着携老扶幼……第三幕小茶馆的生动场面，不少素材就是从这样的生活体验中提炼出来的。

焦菊隐排演《龙须沟》，在艺术方法上，仍如排《夜店》一样，是学习运用斯坦尼斯拉夫斯基体系。他仍围绕着在舞台上"表现真实的生活"这个中心要求来进行导演构思。他要求演员在舞台规定情境中"生活，生活，再生活"，塑造出活生生的人物形象。但比起排《夜店》，他在如何将艺术创造与生活紧密结合的实践中，不仅掌握了一套循序渐进的切实方法，而且发挥了自己的创造性。他认为导演纵然是舞台演出的集体创造的中心，但与演员不是从属的关系，而是互为"镜子"，互相推动启发。他鼓励演员根据体验生活中的收获、对剧本和人物的认识理解，提出自己的意见，然后由导演根据作家意图加以集中提炼，编入演出本。

他对演员要求非常严格，每人发两个笔记本，让他们记下自己体验生活、分析剧本的心得、收获，定期交给他查阅。起初，他每周到剧院去一次，讲他看了演员日记后发现的问题，并每天晚上约一两个演员到他家去个别谈话。去的时候，演员把本周记下的笔记交给他，他把上周的笔记本还给他们。在每次交还的本上，他都工工整整地写下自己的批语，简明且具体，甚至对错别字都一一加以改正。这样的工作形式持续了大约两个月，然后他才每天去剧院排戏。

他在导演工作中，紧紧把握"从生活出发"这把钥匙，启发演员想象，打开创作的思路。为了让演员有一个消化从生活中获得的对角色的感受和认识的过程，他将排演分为两个阶段：开始一个阶段作为体验生活的继续，后一阶段作为进入角色的过程。他提示演员："你要想生活于角色，首先要叫角色生活于自己。"也就是说，演员要产生心象，才能创造人物形象。心象得从生活中获得素材，心象是一个内外统一的整体。这就促使演员不仅要体验人物的内心活动，同时也要体验相应的外形特征。焦菊隐关于心象的提示，帮助演员突破以往舞台表演的陈规旧套，自觉向生活学习，塑造生动鲜明的人物。著名的优秀演员于是之，就把焦菊隐的心象学说作为他学习创造人物的第一课。

焦菊隐十分重视舞台演出的集体性和整体性。无论对布景、灯光、音响效果、道具、服装，以至于剧务等，他都同样启发他们发挥创造性。他从不把舞台工作者当作"技术工匠"，而是视为"不上台的演员"。就以效果为例，在他的引导下，音效工作者深入生活寻找创造素材，提炼加工出《龙须沟》里那一系列具有浓郁地方特色和生活气息的音响效果，构成了北京情调的动人旋律，烘托人物思想感情和时代气氛。焦菊隐甚至将一向被视为事务性工作的司幕，也当作舞台演出中一个重要的艺术创造的环节。有一次，《龙须沟》正在合成阶段，焦菊隐和副导演金犁排演第一幕小妞子掉进臭沟淹死以后那段戏闭幕的时候，他要求大幕配合雷鸣电闪以烘托人物心情。负责司幕的同志开始只在机械地操作闭幕速度的快慢缓急，排了几遍，仍未能达到要求。最后，焦菊隐宣布停排，表示不搞好这场闭幕，排演不再继续进行。致使负责司幕的同志也必须认真研读剧本，揣摸人物心情。自此以后，北京人艺凡担任司幕者，对自己头一条要求就是："掉进戏里去，参加艺术创造。"

这样严格而又有生气的艺术创造气氛，激发着每个人的兴趣和热情，锻炼了舞台艺术家们的才能和技艺。像于是之、郑榕等人，当时不过二十几岁，正是从演出《龙须沟》开始，他们的表演艺术才开始一步步走向成熟。

从事话剧艺术活动多年的优秀表演艺术家叶子，至今回忆起那一段艺术实践，总是感慨地说："排《龙须沟》的时候，我虽然已经演了多年戏，也懂得一些表演方法。但是，像那样按照艺术规律去深入生活、研究剧本和分析人物，那样严肃认真排演，并且进行艺术总结，对我还是头一回。对自己提高表演艺术大有益处。"

于是之更是对焦菊隐的导演艺术钦佩之至：

> 跟随焦先生工作，是一种幸福。在排演场里，焦先生沉静、细致，说话不多。他让每一个演员，每一个职员，都尽量地创造。他不时嘱咐我们说："要尽量放开，尽量突破自己，不要怕不像样儿，导演可以帮你收。"在补充老舍先生的文学剧本的时候，焦先生让每个角色自己写作，或者表示自己希望有怎样一场戏，怎样的一些话。我们就都根据体验生活的所得分头去写，有时不能写出完整的段落，只写出我希望说哪几句或哪一句话。等排演本经焦先生整理好的时候，几乎每个人的要求都得到了充分的满足，每个人都感觉这里面有

1951年《龙须沟》演出说明书

自己的创造，但是整个戏的贯串和节奏的流畅，我们却想也不曾想到过。跟随焦先生工作，我们都像是些可以随便撒娇的宠儿，任性地提出自己的要求。但他并不溺爱我们，他有一种惊人的概括能力，非常机智地把戏处理成现在这样。许多场面的诗一样的安排，在我们跟他排戏的时候，甚至是完全没有感觉到的。

不仅对演员严格要求，对剧本，焦菊隐也不隐瞒自己的看法。他认为老舍先生的语言很简练，适合阅读，但放在台上说就显得不饱满了。因此，他要丰富剧本。因为是第一次与老舍合作，不知老舍的脾气，焦菊隐就在连排的前一天给老舍写了一封长信，说明丰富剧本的原因。第二天连排时老舍到了，剧院还约了些文艺界的人看。看后大家都觉得满意，老舍也很高兴。晚饭后在文艺界的座谈会上，老舍说："这本戏写起来很快，我差不多是一口气写完了三幕的。这，可就难免这里那里有些漏洞。经焦先生费心东安一个锯子，西补一点油灰，它才成为完整的器皿……"接着，老舍还对焦菊隐说他作了一副对联："念给你们大家听：老舍焦菊隐，伏园黄药眠。"对联中暗含与焦菊隐继续合作下去的愿望。果然，排《茶馆》时他们再一次合作，谱写了一段文坛佳话。

这次演出，不但提炼集中了文学剧本的思想性和艺术性，创造了真实动人的舞台形象，使剧中程疯子、丁四嫂、丁四、程娘子、赵大爷、王大妈等主要人物形象光彩焕发，而且在第三幕小茶馆群众场面中，塑造了一批有血有肉的群众角色。有两位欧洲的导演看完戏，曾称赞："这是国际上罕见的第一流的群众场面！"这在 20 世纪 50 年代新中国的话剧舞台上，是尤为突出的。它是焦菊隐在剧作的基础上，"二度创造"的优异成果。

《龙须沟》的舞台演出，以其震动人心的激情、真切的生活场景和真实的人物形象赢得了广大观众的喜爱。它的艺术魅力还在于以感人的艺术形象，表现了老舍剧本里的北京味儿。这种贴切的地方特色形成了演出的浓郁民族风格。

《龙须沟》的演出成果可以说是辉煌的。报刊上发表了许多赞扬的评论，认为它是"五四以来戏剧艺术 —— 特别是导演艺术最高成就之一"（张艾丁在《龙须沟》演出座谈会上的发言），"在评赞老舍先生在《龙须沟》剧本创作中的成功的时候，我们必须同时提到焦菊隐先生和许多演员在演出上的卓越的成就"（周扬《从〈龙须沟〉学习什么？》，载于 1951 年 3 月 4 日《人民日报》）。廖承志在 1951 年 2 月 5 日致李伯钊的祝贺信中说："这个戏充满爱、感情，并且每个人物都是有思想的，所创造的人物是真实的，语言是活生生的……《龙须沟》的演出，说明以北京为中心的戏剧运动的高涨的开始……焦菊隐同志导演的《龙须沟》，在思想上……对两个问题的解决起了极

《龙须沟》演出之后全体演职员合影。第二排正中为老舍，老舍左为周恩来，老舍右为焦菊隐

大作用：第一，对少数人自象牙塔里带来的'崇高的艺术修养'起了解除包袱的作用。他们迷恋着这僵尸，否认到人民中去生活和在这生活中间和人民的感情融合成一片的必要，因此这些人所能处理的，仅是'表演术'以内的问题，人物是没有思想的，没有灵魂的。第二，相当不少人一屁股坐在'十年斗争'光荣的包袱上，不再企图挣扎，不再企图感受新鲜事物，《龙须沟》对他们也起了解除包袱的作用。《龙须沟》证明，不管有多少年在工人农民中生活的经验，但如果自己在艺术创作上不进步，不学习，不继续提高一步的话，那么这些人所处理的人物将永远是粗糙的，活报里面的角色，因而人物也不会有深刻的思想性的，其结果则同样是失败的。经验主义和教条主义一样是不会有前途的 —— 除非他转变。《龙须沟》是上了一课的。"

　　焦菊隐导演《龙须沟》与《夜店》一样，要求在舞台上再现"真实生活场景"，《龙须沟》在这方面达到了一个高峰，更富有感人的艺术力量。

　　即使是成功的作品，也是有很多指责的。《龙须沟》演出之后的座谈会上，就有些人提出这出戏是自然主义的，认为评价这个戏"非常生活，是难得的好戏"的说法太过了。对于这种种的说法，焦菊隐的反应是："说自然主义就自然主义吧，这也不是什么罪过。"他的态度是：第一，该坚持的要坚持；第二，要把意见都听进去。《龙须沟》剧组中的一些演员是在后来自己做了导演以后，才体会到了一个导演在艺术探索中需要革新，需要创造，为了艺术决不能迁就的自信与信念是多么重要。

在焦菊隐的艺术道路上，《龙须沟》的演出是一部光辉的代表作，也可以说是形成他的导演学派的起点，是他重新展开戏剧活动的序幕。

那个时期，也是焦菊隐的生活最美满的时期。他和秦瑾千辛万

1953年7月28日，焦菊隐向北京人艺全院做艺术总结动员报告

20世纪50年代焦菊隐与秦瑾住在屯绢胡同甲一号

苦之后，终于在屯绢胡同甲一号买下了自己的房子，有了自己真正的家。秦瑾在家里给他布置了一个大书房，把他的书分类放好。焦菊隐对这个家非常满意，他高兴地说："多少年来，我就梦想有这么一个大书房，随手就可以翻资料，再也不用为找本书翻箱倒柜了。"师大的师生去拜年，都夸他的书房好，他也得意地给他们展示，"现在我

需要什么书，随手就可以取到"。

不久便过春节了，四姐一家、三姐的孙子、妹妹的女儿，还有焦菊隐的侄女，热热闹闹一大家子人欢聚一堂。焦菊隐最爱吃羊肉，他曾解释"鲜"字说，唯鱼肉和羊肉是最鲜的了。但因为秦瑾从不吃羊肉，他便说："谁爱吃什么就买什么，就是不许吃羊肉，我带头不吃涮羊肉。"家规虽严厉，但那是他一生中过得最愉快、温馨的一个春节。

最让他高兴的是钱俊瑞来拜年。春节前高教部团拜时，许多人都围着钱俊瑞，焦菊隐却躲在一边，并未与他打招呼。他没想到钱俊瑞会亲自来自己家拜年，而且，他的一席话深深地打动了焦菊隐："我革命时间长了，经验也多了，过去到一个新的地方，总爱听那些围着转的人们汇报，上当上多了，就知道真正为党、为工作出力的人，都是那些不围着领导转的人。所以总是不围着我谈话的人，我得挨家拜访。"送走钱俊瑞后，焦菊隐对妻子说："这才是一个真正有深度的共产党的领导。"

在秦瑾的记忆之中，屯绢胡同的家是相当深刻的，因为那段岁月充满了天伦之乐和人性的温暖，焦菊隐不论是在师大教书，还是在人艺排戏，都受到周围人的尊重，家里也充满温暖。他们以为会在这个温暖的家中住一辈子，有一天一同去买了两棵海棠树，种在后院里。焦菊隐对妻子说："以后我们两人死了，一棵海棠下埋一个。我死了只许你活 16 年，我的灵魂会每晚从后窗进来陪伴你、保护你。"

屯绢胡同甲一号是他们生活中的唯一乐土，凝聚了他们婚后短暂的幸福。但这两棵海棠树并没有荫庇他们多久。他们谁也没有想到，心中的小夜曲竟会曲终弦断，而他们冲破重重阻力得来的爱情到头来竟会演变成一场噩梦。

第八章 ——— 创建世界一流剧院

一九五二年六月十二日，文化部决定将原北京人民艺术剧院话剧队与中央戏剧学院话剧团合并，成立一个隶属于北京市的专业话剧院，这就是北京人民艺术剧院。焦菊隐成为北京人艺的第一任副院长，自此，焦菊隐开始从事专业戏剧工作。

# 北京人民艺术剧院

1951 年，国家即将进入大规模的经济建设时期，文化部提出了文艺团体专业化的要求，即改变过去文工团综合性宣传队的性质，向专业化发展，并逐步建立新中国的剧场艺术。北京市市长彭真明确表示，将老人艺的歌剧队、舞蹈队、乐团等都交出去，北京就要一个话剧团。

1952 年 6 月 12 日，文化部决定将原北京人民艺术剧院话剧队与中央戏剧学院话剧团合并，成立一个隶属于北京市的专业话剧院，名称仍沿用北京人民艺术剧院。曹禺为院长，调焦菊隐到北京人艺任第一副院长，后来又任总导演。自此，焦菊隐才从事专业戏剧工作。

正式辞去师大的教职，调到北京人艺工作，在焦菊隐是一个困难的决定，是他生活中的重要转折。他对今后道路的艰难是有思想准备的。离开师大时，他曾在致音乐戏剧系同学的信中说过这样的话："我如果想走一条舒服的路，不如在这里教书，当教授。办一个剧院，办一个中国式的自己的剧院，没有人给我一套现成的东西。这也许是一条痛苦多于欢乐的路，但是，我还是要决定走下去，因为那是我多年的梦想，也曾是很多前辈的理想。它只有在今天才能成为现实，至于荣辱成败，由别人去判断吧……"

刚建院时，人艺的院部设在史家胡同 56 号。那是一座有三十多间平房的院落，大门坐南朝北，一进大门就能看见一棵粗壮高大的核桃树。在院子的两侧长了两棵芙蓉树，绿叶婆娑，花开满枝，微风吹

1954年10月9日在中山公园，左为人艺总导演焦菊隐，中为党委书记赵起扬，右为副院长欧阳山尊

拂时，散发出恬淡的清香。院长办公室设在东跨院北屋里，三间高大明亮的房屋，"四十二小时谈话"就是在这里进行的。所谓"四十二小时谈话"乃是人艺的领导曹禺、焦菊隐、欧阳山尊和赵起扬四个人围绕着"如何办好北京人艺"这个题目，连续谈了一个星期，每天上午谈三个小时，下午谈三个小时，算起来，整整谈了四十二个小时。谈话没有框框，事先也未拟定讨论提纲，但谈得津津有味，滔滔不绝，凡有关话剧的内容，古今中外，无不涉及。从中国话剧发展的历史开始，谈到外国的话剧活动，提出应该选择一个剧院作为学习、借鉴的榜样。从当时的国情出发，大家都认为莫斯科艺术剧院最为合适，但必须还要有中国民族的特色。领导班子一致认为，焦菊隐对西洋话剧和中国戏曲都很有研究，是一位具有学者见识的艺术家和学贯中西的导演，均相信在焦菊隐领导下，北京人艺会取得重大成就。在这四十二小时的谈话中，他们不仅统一了思想，协调了步骤，而且确定了北京人艺的理想和目标 —— 要办成像莫斯科艺术剧院那样具有世

人艺建院初期的焦菊隐

界第一流水平而又有自己风格的话剧院。

当时提出"世界一流"的口号确实很不寻常，有违中国人的传统谦逊美德，但四人仍是兴奋异常，会后步行到东安市场，走进了一家带有日本风味的餐馆，觉得这一天的菜特别好吃，酒也特别好喝。

明确北京人艺今后发展的目标和理想，是"四十二小时谈话"最大的收获。为了实现这一理想，焦菊隐提出首先要统一创作方法。创作方法是否必须统一，这在当时和现在理论界依然有不同看法。但回过头去看，在当时的情形下，这无疑是有现实的、积极的意义。合并后的人艺有六十几个演员，却来自将近二十个戏剧团体，解放区的、国统区共产党领导的演剧队，国民党部队的文工队，还有民间剧团的，在表演方法上五花八门，能力上高低悬殊、参差不齐，所以，这时候提倡八仙过海各显其能是不现实的。统一创作方法，主要是统一到斯坦尼体系上，强调现实主义，反对形式主义和自然主义。斯坦尼体系在 20 世纪 30 年代中期就已传到中国，无论在延安鲁艺的戏剧教学中和一些剧团中，还是在国统区的戏剧界，对中国话剧的影响是很深的，容易被大家接受。而从人艺后来的发展看，如果没有提出统一创作方法，也就不会有后来演员与演员之间，导演与演员、舞美人员之间的合作，不可能达到高度的相互默契，也就不可能取得那样大的成就，更不可能形成北京人艺的风格。

在这"四十二小时谈话"即将结束的时候，不知是谁提出的："我们这四个人要有这样的决心：为了实现北京人艺的理想，我们这一辈子就交给这个剧院了。"这句话让这四个对北京人艺的未来充满希望和憧憬的人都激动万分。

在旧社会饱经忧患的焦菊隐，梦想正在变为现实。有与他志同道合的导演、演员、舞美工作者，有与剧院亲密合作的作家，还有良好的剧场设备。正当壮年的焦菊隐心里孕育着美好的艺术理想，恨不能再有十倍精力，迈开大步去追求、探索。

《龙须沟》的演出纵然获得成功，但永不满足的焦菊隐并未沉醉在观众的掌声里。对他来说，这不过是一个新的起始点。演出结束后，他就带领演员和舞台各部门进行艺术总结。他自己撰写了《导演的艺术创造》和《我怎样导演〈龙须沟〉》两篇论著。根据《龙须沟》的排演实践，他在文章中论述了"怎样认识文学剧本""导演的二度创造""怎样创造人物""强调创造的集体性"，以及如何认识和创造性地运用斯坦尼斯拉夫斯基体系等方面的问题，提出自己独到的见解。

艺术上的严格要求，促进了北京人艺创作特点的形成，也成为北京人艺的优良传统之一。剧院制定了各种规章制度来保证严格要求的落实。如排练厅就有这样一条制度：在排练期间，不管今天能不能排上你的戏，这个戏的所有演员都得到场，不排你的戏，你就坐在那里看排戏。不遵守这条规定的，轻则挨批评，重则撤换角色。

在焦菊隐的严格要求下，人艺的排练厅，只要一开始排戏，气氛总是那样肃穆、安静、有秩序。有时在排练的停顿中间安静得连掉在地板上一个曲别针，都能听到声音。就是进出排练厅开门关门都不许有响声，走路都用脚趾点地。

　　人艺的同志们都很钦佩焦菊隐艺术上的深厚学识和创造上的锲而不舍、一丝不苟的精神，接受他要求演员开动脑筋发挥主动创造力的近于严厉的苛求，也从他锋利的分析和启示中得到创作的冲动。

　　焦菊隐和一切与他有共同经历的知识分子一样，渴望为新中国贡献力量。他知道自己从事的工作的艰巨，而且下决心"不走容易的路子，不妄想走一条不下苦功夫就能成功的路"。人艺成立之初，正赶上土改运动，他被派到安徽阜南，任土改工作团第六团团长。尽管那时他的家刚刚安定，书桌上堆满了他正在写作和翻译的文稿，他也多次对妻子说"这个条件下，不写点东西，真对不起我的书房"；尽管当时妻子正在怀孕反应之中，但适应新社会的要求、深入生活、了解社会变化、在舞台上表现新时代和新人物的愿望对于他来讲则更加迫切。

1952年焦菊隐被派到安徽阜南参加土改运动

焦菊隐去世后，遗物中有他在土改工作中的笔记，大都是一些会议记录和实地调查之类的东西，密密麻麻且有很多已字迹模糊，令人难以辨认。可以想见，焦菊隐是以极大的热情积极参与这一运动的，他希望从中发现自己过去从未接触过的新鲜事物。但有一天，他给妻子写信说："我这封信是在县邮局

写的，以后别再给我来信
了，我也不给你去信了，
他们开会批评我太恋家，
小资产阶级思想，没有全
心全意在土改运动中改
造自己。"他还叮嘱秦瑾
不要参加工作，说阶级斗
争太残酷太激烈。半年

焦菊隐和秦瑾的大舅秦翊

之后，他回到北京，妻子发现，他看问题确实比过去实际了，再没有
建设小家的幻想，常常一个人坐在书房里发愣。妻子问他想什么，他
说："什么也没想，想什么也没用。"

　　土改后，"三反""五反"运动又开始了。秦瑾的大舅秦翊因为
过去做过银行副行长，也在"火烧"之列。银行让秦瑾揭发她舅舅，
秦瑾不干，与他们吵了起来，由于惊吓和心情郁闷，她在协和医院难
产，孩子也死了。焦菊隐沉痛地对秦瑾说："如今，天天有资本家自
杀，年轻人不知道历史，不了解旧社会，不懂经济，拼命折磨人，越招
得多，越有成绩。一个小油盐店老板，竟招了偷税二百多万，你想一
个油盐店本身值几个钱？我说行了，别再斗了，他们反而批评我立场
有问题、右倾，我只有任他们瞎斗了。"

　　焦菊隐把妻子从医院接回了家，打开过去人家送的或自己存的好
香烟，一包一包地抽，新袜子、新衬衫也一件件地拿出来穿。他和大
舅动不动就上饭馆请客，别人来借钱，说多少就借多少……

　　多少年后，秦瑾说："我常想起焦菊隐在重庆时对我说的话：'人
性、爱心常常会被环境、经历磨灭掉的。'"今天，我们无法推测，在
残酷的社会现实中，始终坚持自己良心、追求理想的焦菊隐内心发生

1954年焦菊隐与家人的合影

了什么变化，但反观当时的社会大背景，联想那时的许多极左做法，他在思想上所受到的巨大震动，是当时每一个知识分子都刻骨铭心而不堪回首的。

不久，他们离开了屯绢胡同，搬到东城演乐胡同人艺的宿舍。演乐胡同的房子在一般人看来确实不小，但焦菊隐的书实在太多，南屋全给他做书房，也不够放他的全部书籍，所以又有一部分书必须重新回到书箱，放进一间阴暗的小屋里，这对焦菊隐来说，是件很窝囊的事情。

屯绢胡同那两棵海棠树，已长到齐窗高了，它们将与焦菊隐短暂的幸福生活一块儿留在这里。寂静中，只听见飒飒风声，院子中已空无一人。焦菊隐最后走进自己过去的书房，零乱的地上洒着许多纸片。他带着像《樱桃园》中写的那种世纪末的哀伤，蹲下身把碎纸片一张张地看了一遍，似乎怕丢了什么重要的资料。

因多日搬家而精疲力竭的秦瑾，顿时被一种莫名其妙的不祥之感笼罩。

# 与苏联专家合作

1954 年，曹禺新作《明朗的天》问世，焦菊隐担任了这部戏的导演。

《明朗的天》以一所医院为背景，表现解放初期党的知识分子政策以及知识分子思想改造的过程，具有强烈的时代特点。焦菊隐对于高级知识分子的思想性格是十分了解的，对剧中一些人物的思想和生活原型，他都谙熟。排这类题材的戏，对他来说，应该是有足够

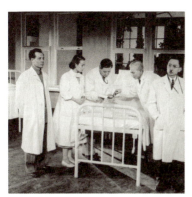

《明朗的天》剧照

《明朗的天》在第一届全国话剧观摩演出会上获得导演一等奖

外国专家观看《明朗的天》排演

的艺术创作基础的。怎样排练？在艺术方法上,《龙须沟》已经摸索出一条路子,但焦菊隐远远不能满足一个戏或几个人物塑造的成就,在现实主义创作方法的道路上,他还要往前探索新路。

虽然《明朗的天》后来在第一届全国话剧会演中获得剧本奖和导演奖,一些演员也得到奖励,特别是焦菊隐对几个不同类型的高级知识分子形象有极为精彩的处理;但在焦菊隐的艺术道路上,这部戏的排演却是一次不成功的探索。关于形体行动方法,斯氏并未来得及完成他的试验,而焦菊隐也只能说是仅有字面上的不全面的理解,并无实际的体会。

其实,焦菊隐自己对《明朗的天》的试验方法也并不满意,那段时间，他的心情一直不好，连他的秘书去他家时都得先问一声"老爷子今天情绪如何"，如果情绪还可以就直接进书房，如果听说"今天不怎么好"，就先进孩子的屋里逗孩子。焦菊隐对妻子说："建院至今我心里一直堵得慌，总想排一个戏超过《龙须沟》，这已是我的心病了。"

接着，批判俞平伯的《红楼梦研究》运动也殃及剧院，因为涉及压制新生力量的问题，焦菊隐和赵起扬都被点了名，说焦菊隐是俞平伯式的资产阶级学术权威，赵起扬是向焦菊隐投降的压制新生力量的帮凶。

焦菊隐气得自言自语："我是什么命？干完活挨整，整完了还得干。不干活的，反而没事。"

一次到市委开会，见到了某位领导，回来后焦菊隐也是大发雷霆，"他拿对反革命的态度跟我讲话，句句都是改造、教训的口气"。

知识分子那时还不属于工人阶级，还是共产党团结改造的对象，在这种多事之秋，很多人说话已愈加谨慎，但焦菊隐却依然我行我素，一边不得已地交代"问题"，一边毫不掩饰自己的不满。

一天晚上，赵起扬去了焦菊隐家，两个人对着喝酒，对着发牢骚，把心里的委屈都发泄了出来。其实，赵起扬是一个很讲党性原则同时又很具人情

1955年焦菊隐在《耶戈尔·布雷乔夫和其他的人们》的彩排招待会上致开幕词

1955年库里涅夫和焦菊隐一起研究《耶戈尔·布雷乔夫和其他的人们》的设计工作

味的党委书记，胸怀也十分宽阔，不太可能随便地犯"自由主义"，他之所以能与焦菊隐对酒畅言，更多的是一种做思想工作的方式，而这种方式，也确实起了作用。尽管当时赵起扬自己也处在压力之中，而且一直顶着不认账，说如果认了那个账，就等于否定了焦先生这个人和他新中国成立后的全部工作，也否定了建院以来全院同志共同创造的成绩。过了几天，金犁又给焦菊隐送来了一束花。领导和同事的关心理解，使焦菊隐心情才略好了一些。虽然家里经常是暴风骤雨，令每个人都提心吊胆，但一到剧院，焦菊隐就将个人的烦闷完全放到一边了。他还是那么认真，那么严格，那么一丝不苟，丝毫没有因个人受到批判而降低了对演员的要求。1955 年，苏联戏剧专家库里涅夫到北京人艺指导排戏，焦菊隐有了一次实际了解斯氏体系的机会。他在苏联专家的指导下，排演了高尔基的名剧《耶戈尔·布雷乔夫和其他的人们》。此剧焦菊隐任总导演，夏淳、梅阡任导演，苏联专家任艺术指导。

焦菊隐当时已是知名的导演艺术家，但在艺术上他绝不故步自封，仍然谦虚地向苏联专家学习。在他的学习札记里，有收获感想，有疑问，也有创新的见解；有的用中文写，有的用外文写，有的一时

来不及以文字记录，则注上备
忘的符号。他不只用眼睛看，
用手写，而且用整个心思在考
虑，一心想摸透具有国际影响
的斯氏体系。

　　焦菊隐对库里涅夫的印象
相当好，更主要的是他们在很
多问题上观点是一致的，所以
这种合作令焦菊隐感到愉快。
但对另一位苏联专家列斯里，
焦菊隐就一百个看不上，而起
因恰恰只因为列斯里的一句话：
"我把社会主义、现实主义带
到你们中国来了。"焦菊隐吃
午饭时在简报上看到这句话，
扔下筷子就拍桌子大骂起来：
"放屁，大国沙文主义。"妻子
劝他小点声，说反对苏联老大
哥，会给戴反革命帽子的，他
便将满腔愤怒转向妻子："我
在家里发发牢骚，也不行？
你也成了中国奴才了。"弄得
一顿饭谁也没吃好。过了些
时候，他看了简报又嚷嚷开了：
"列斯里居然排《桃花扇》，他

《耶戈尔·布雷乔夫和其他的人们》剧照

1954年10月，焦菊隐到中央戏剧学院导
演训练班旁听列斯里讲课的笔记

懂得中国历史吗？他懂得秦淮河上的歌妓吗？真是笑话！"

　　焦菊隐学习斯氏体系，但并不盲目照搬；他尊重苏联专家，但也绝不无原则地崇拜。在他眼里，只有真理而没有权威，一句"中国奴才"，道出了当时大多数人从未想到、少数人想说而未敢说的话，凸显了焦菊隐桀骜不驯的性格和独立思考的精神。

# 《虎符》——中国话剧特殊的里程碑

　　精通戏曲艺术的焦菊隐认为，要推动发展中国的话剧艺术，借鉴斯氏体系是必要的，更重要的是要学习我们民族传统戏曲的艺术规律和表现手法，这是最好的途径。但当时是斯氏体系独尊的局面，而且，他看到戏剧界一些同志由于教条地理解那"半本斯坦尼"而导致在舞台上出现温、拖的现象，也只能发表一些议论。他在1954年10月25日北京市第二次文代会上的专题发言中，指出了这些现象，呼吁"要在不断深入生活改造思想的基础上向戏曲的宝贵而丰富的民族遗产好好学习，向戏曲的前辈们好好学习"。这时，焦菊隐所了解到的仅是北京的情况，而到了1956年3月全国话剧会演，从全国各地来京的演出剧目中，可以看出话剧在创作、表演、导演以及舞台美术方面出现的概念化、公式化以及自然主义的现象已经是在戏剧艺术中带有倾向性的问题了。

　　1956年3月，周恩来总理在关于昆曲《十五贯》的座谈会上，指出话剧应该重视学习民族戏曲的优秀传统；同年8月，毛泽东主席与音乐工作者谈话时，提出在音乐创作上要具有我们民族的风格和形式。甚至外国的戏剧工作者也在关注这个问题。田汉1957年在《戏剧报》8月号上发表的《话剧要有鲜明的民族风格》一文中，有这样一段话："在话剧会演时，许多外国朋友谈到，他们来是想向中国戏剧的表现方式学习的，但是在中国话剧中，看不出话剧向民族戏曲传统学习的任何痕迹！他们希望中国戏剧工作者建立起话剧通向民族戏曲传统的金的桥梁。"由于以上种种情况，继承我们民族自己的优秀戏剧遗产，博采众艺之长，发展丰富话剧艺术，已摆上了议事日程。

1956年下半年到1957年初，焦菊隐和梅阡导演的郭沫若的话剧《虎符》，就是一次继承民族优秀遗产的大胆的创新实验。

《虎符》写于1942年，正是"皖南事变"之后，作者身在国统区，向往着解放区。他怀着强烈的爱与憎撰写了这出戏，以寄寓自己的感情。他以战国时代魏公子信陵君窃符救赵、抵抗暴秦的故事结构戏剧情节，表现了我国古代人物勇于自我牺牲、杀身成仁的英雄气概。

《虎符》富于抒情和哲理意味，人物感情激越，比如如姬的大段独白，如倾泻的海潮，气势雄伟，其悲壮的精神，动人心弦。

这是焦菊隐第一次与郭沫若合作。他认为，要发挥这个戏的思想意义和艺术风格，适于借鉴民族戏曲传统的表演形式和表现方法。他

1956～1957年《虎符》排演期间，焦菊隐（右）、梅阡（左）和郭沫若（中）在一起

1956～1957年《虎符》排练过程中演员练戏曲台步

的导演构思的精神是"吸取戏曲形式，最后忘掉形式"，不是以戏曲来改造话剧，而是按照话剧的特点来学习戏曲传统的精神、原则和规律。

他首先突破话剧传统的镜框式舞台的限制，启发舞台设计不受惯常布景格式的束缚，突破舞台空间与时间的局限，采用黑幕代替天幕作为整个舞台背景，台上只安排几件极简洁的道具，他称之为"新的守旧"（戏曲称隔挡舞台与后台之间的彩绣的大幕为守旧，左右各有一上下有绣帘的小门），通过表演引起观众对舞台规定情境的联想。一座小桥、一根红漆梁柱，以及石山、芭蕉等的妥帖安排，都为了突出表演，突出人。

为使表演凝练鲜明而有表现力，焦菊隐运用了戏曲的锣鼓经来安排演员表演的节奏，并且要求演员在表演中学会运用"水袖"。为此，组织演员观摩大量戏曲演出，苦练戏曲基本功，他要求演员"先学到手，然后消化择用"。

对台词也有独特的处理，对于剧中散文诗般的台词，他提示演员以介乎京剧"京白"和朗诵之间的语调来处理，尽管演出时，演员的台词处理还不够自如，但它的格调与文学剧本风格却是协调的。

有幸的是，当时剧院以赵起扬为书记的党组织支持焦菊隐，同意他的创新构思，鼓励他不要怕失败，而且提出："保证排演进行，物质上需要什么就供应什么，需要排演多长时间就排多长时间！"书记亲自到排演场说服大家支持导演的实验，说失败也不要紧，还可以再实验。经过一番周折，花了七个多月，《虎符》终于在1957年1月正式上演。

这次实验尽管尚有不尽如人意之处，焦菊隐的许多构思还未能实现，演员对戏曲的学习，仅是初步尝试，特别在音乐方面，焦菊隐认为"试验是最少的，也是最差的"；在社会上也听到一些批评意见说："既非话剧，也非戏曲，是两不像。"但却受到作者郭沫若和田汉、阳翰笙等许多老戏剧家的热情支持鼓励，认为大方向是正确的，认为这是为中国话剧进行艰辛探索的一座特殊的里程碑，是焦菊隐向理想目标迈出的第一步。就在这一年，焦菊隐对人艺部分演员说："我想

1957年《虎符》剧照

今后多做些各种形式的实验，像《虎符》吸收戏曲表演方法这样的，也想实验像梅耶荷德式的，布景是构成主义的，连印象派的东西我都想实验一下……"

　　然而，焦菊隐的兴奋并没有持续多久，也是在这一年，反"右"运动开始了。北京人艺自然在所难免，焦菊隐也自然成为"右"的对象。当时北京市委宣传部部长是廖沫沙，他问赵起扬和欧阳山尊，焦菊隐这个人在剧院里到底有没有用，赵起扬说有用，并给焦菊隐的所谓右派言论做了解释，说他只是对剧院领导有意见，不是反对整个党，就这样把焦菊隐保了下来。这是焦菊隐不幸中之大幸。据赵起扬后来说："廖沫沙很爱才，他自己也受过不少委屈。如果当时市委宣传部长是另一个人，那焦菊隐的右派帽子是戴定了。"而更为可贵的是，当时赵起扬本人 1942 年在延安整风时的所谓问题还尚未做结论，他在全力保护焦菊隐的时候丝毫未想到个人的处境。赵起扬曾在他自己的回忆文章中写道，去人艺前，北京市委的领导一再对他讲，要团结好焦菊隐。他不仅身体力行地做到了这一点，以公正无私的品格及人格上的魅力体现了一个党委书记的水平，也以敢于承担责任的勇气显示了其宽阔无比的胸怀。赵起扬去世后，秦瑾写了一篇《北京人民艺术剧院的丹钦柯》的文章，特别说道："那是一个宁左勿右的时代，那是一个以阶级斗争为纲的时代，那是一个运动紧接着又一个运动的时代。我们可以回顾起许多比焦菊隐更有才华更有建树的作家、艺术家、科学家……湮没在这个时代的大潮中了。而焦菊隐的艺术抱负竟能游刃于这个时代的狂潮中，并得以展现出来，不能不归功于北京人艺的党的当家人 —— 赵起扬同志。"她把赵起扬比喻为莫斯科艺术剧院的丹钦科，正是"这位党的当家人，把这些来自五湖四海、不同艺术观念、不同条件、不同经历又各有千秋的艺术家们，团结起来，统一起来，共同去探索一个新的艺术理想，共同去追求一个更高的艺术境界"。

但这一切，当时的焦菊隐并不知晓。虽然未被打成右派分子，但批判还是免不了的。对全国上下来势汹汹的反右运动，他感到困惑不解，过去一有不顺就牢骚满腹的他，这个时候，却变得沉默寡言起来。

应该说，比起那些被打成右派、放逐边疆甚至关押劳改的艺术家，焦菊隐是幸运的。毕竟，他还有工作的权利，还能进行艺术实践，对于他来讲，这一切比其他任何东西都重要得多。

第九章　《茶馆》——中国话剧界的骄傲

话剧《茶馆》是中国话剧界的骄傲。它是人艺解放后到一九八一年以前创作的演出剧目中，水平最高，也最能代表人艺特色的话剧。这也是焦菊隐导演艺术上的一个高峰。茶馆的排演重在运用戏曲的精神，对于话剧向戏曲传统的学习运用，要求达到「化」，要求艺术再现生活。

# 两次排演《茶馆》

赵起扬生前曾说："《茶馆》是中国话剧舞台上的一束闪耀着奇光异彩的绚丽花朵。她的名声，从北京传到全国，从国内传到国外，她不仅是中国话剧界的骄傲，同时也是世界戏剧宝库中一颗光辉灿烂的明珠。"他还说，人艺在新中国成立后直至 1981 年以前创作演出的剧目中，水平最高的是《茶馆》，最能代表北京人艺特色的是《茶馆》，第一次登上国际舞台的也是《茶馆》。所以，在相当长的一段时间内，人们一提到《茶馆》，就想到北京人艺；一提到北京人艺，马上就又想到《茶馆》，好像北京人艺就是《茶馆》，而《茶馆》就是北京人艺。可以说，《茶馆》是北京人艺的代表作，也是作为总导演的焦菊隐导演艺术上的一个高峰。

1957 年春天，老舍先生把他新创作的一部四幕六场话剧交到北京人艺，这部戏的内容是反映从 1898 年到 1949 年历届政府的所谓立宪是怎么失败的，从而歌颂新宪法。至于这部戏的名字叫什么，老舍先生还未想好。当时，北京人艺有一个好的传统，即接受一部新作品时，总要经过认真细致的研究讨论。在讨论中，大家觉得这部戏时间跨度大、人物多，许多在前面出场的人物到了后面就没有了，排起来会显得比较松散，不够集中。于是，焦菊隐把剧本拿回家去看了三天，提出了一个出人意料的修改意见。他认为要改好这部戏，需要动大手术，可能改好以后，会变成另外一部戏了。他主张以第一幕第二场小茶馆的戏为主，从而发展成一部多幕剧。所有的事件都在茶馆里进行，所有的人物也都在茶馆里登场，因为茶馆这个地方，能反映社会变迁，而这部戏的名字，就可以叫《茶馆》。这个提议，使在场的人都觉得茅塞顿开，他们原来都觉得第一幕第二场写得非常好，但谁也没有形成一小场戏可能发展为一部大戏的思路。过了几天，他们带着忐忑不安的心情去见老舍，如果老舍先生不同意这个方案的话，就只好退而求其次，在现有的本子上进行修改。没想到老舍先生听了焦菊隐的意见后，非常激动，说："你们这个方案想得太好了。今天高兴得很，一定要喝两盅。"曹禺则对赵起扬说："老焦这个人可真有他的，他太懂戏了，这个主意出得太有学问了。"

老舍先生仅用了三个月就把《茶馆》写出来了，由于反"右"运动的影响，直到1957年底，《茶馆》才进入排练日程。当问到老舍先生由谁来排这个戏时，他笑眯眯地说："我看还是由焦先生排吧，看来这个戏很吃力。"

正如老舍先生所言，这出戏没有按话剧传统的结构形式来写。它的每一幕是一个可以相对独立存在的历史横断面。三幕戏，从清朝末年、军阀混战写到解放前夕，一幕概括一个时代，年代跨越长达半个世纪。全剧不过两个多小时，出场人物六十多个，有时仅两三句台词就勾勒出一个人物，三教九流，无一重复，个个形神兼备。老舍以精炼俏皮的语言表达深邃的思想内容，达到炉火纯青的地步。《茶馆》没有表现所谓重大题材，也无统一的中心故事情节。作者只写了一些不在政治旋涡中的普通人物，通过人物把三幕不同历史时期、相隔一二十年的戏贯串起来。尽管茶馆这一舞台环境不变，但由于作者掌握了典型环境中的典型人物，通过他们在生活中的沉浮变化，构成一曲旧社会的葬歌，揭示出时代本质及其发展趋向。

《龙须沟》的演出成功，使老舍相信焦菊隐能深切理解他的剧作，而焦菊隐也喜爱老舍作品的艺术风格。这两位艺术家在创作上产生了默契。在《茶馆》这部展示北京历史生活风貌的精品所提供的创作领域里，作为导演的焦菊隐的艺术想象又驰骋起来了。

对导演、演员来说，《茶馆》是吃功夫的戏，唯其吃功夫，才更能考验并发挥舞台艺术家的才能。

排《茶馆》，是焦菊隐继《龙须沟》之后，第二次与老舍合作。两部戏同是现代题材，但他排《茶馆》，却不同于前者。

同是镜框式的写实舞台，但焦菊隐强调的是艺术的真实，并以此为着眼点来安排布景结构和舞台调度。比如关于第一幕茶桌安排问题，焦菊隐和夏淳以及设计王文冲，研究分析了剧本内容，费尽

排演《茶馆》时，焦菊隐与剧作者老舍及剧组演员在一起。前排从右至左：焦菊隐、老舍、夏淳、童超、英若诚、于是之

《茶馆》第一幕景照

心思，反复摆弄设计模型，根据戏剧情节发展的层次和每个主要人物的戏，最后安排了八张茶桌。其中一张位于舞台左侧拐角里，但比其他茶桌要高出两层台阶，周围有栏杆，显出它与众不同。这些位于前后左右的茶桌，桌面高低不一，桌架长短粗细也有所不同。这些似乎不合乎生活真实的茶桌，由于透视的关系，从观众席看上去，却是十分逼真的，当坐满那些形形色色的茶客时，就产生一种大茶馆热闹兴隆的气氛。随着剧情的发展，每桌彼此呼应，动静相衬，将那些看来散碎的片断戏有机地联成一气，如那张台左的茶桌，摆在犄角，本不会引起观众兴味，但由于导演把依附于帝国主义势力的小恶霸马五爷安排在那张茶桌喝茶，并在他下场时做了大胆的调度处理，使这张茶桌立即变成舞台焦点，从而鲜明地突出了人物形象。

在《茶馆》中，一些人物的出场，如庞太监和秦二爷"针锋相对"的一场戏，两个特务灰大褂的出场等，焦菊隐运用了戏曲中"亮相"的程式和其他表现手法，使形式和内容都达到水乳交融的地步，人物的一招一式，既符合生活逻辑，又独具特征，既富有戏剧性，又有真实感。

第三幕，三个老头互相倾诉对旧时代的悲愤一场，他们说的都是大段的台词，没有强烈的戏剧性，可以说这段戏比较"冷"，而焦菊隐的处理也比较"冷"，几乎没有什么地位调度，而且安排了几处较大的停顿，焦菊隐甚至提示演员试用戏曲的表现手法，把一些重要的台词面对观众述说。开始，演员不习惯，结果，却产生了极为强烈的效果，触发了演员的创造而且互相之间产生了自然的适应。扮演王掌柜的于是之在《文汇月刊》1983 年第 1 期发表的《〈茶馆〉排演漫忆》一文中回忆道："说也怪，这么一个轻微的调整，竟引起我们极大的激动。非但没有因为彼此间的交流的减少而丢掉了真实，相反，倒觉得我们的感情仿佛都能够更自由地抒发出来。难过时眼里不觉蒙上泪花，该笑的时候，也笑得特别痛快。有一遍，笑大发了，我就随便地背朝观众坐在一条板凳上，该我说话了，怎么办呢？我听见了焦先生的插话：'你就这么坐着说。'于是那句'改良啊，改良，我一辈子都没忘了改良'，就变成了背对观众面朝天的王利发式的抒情……戏排完了，大家都为这段戏有了新的进展而高兴。"

《茶馆》剧照

《茶馆》上演了，连演52场，场场爆满。但三个月后，舆论界掀起一股批判《茶馆》的旋风，这与当时的政治形势是合拍的。文化部也要求停止演出，重新修改剧本，加入"红线"。一位部领导甚至来剧院专门批评了焦菊隐，说他的斯坦尼体系是资产阶级的，是教条主义的，给《茶馆》扣上了"有严重政治问题"的结论。

第九章 《茶馆》——中国话剧界的骄傲

《茶馆》演出说明书

不到两个礼拜的时间，交心会五天，通宵写检查两次，买中华烟一条三听外加一包牡丹烟，可以想见，在夜深人静之时，在烟雾缭绕之中，他的内心经历了怎样的煎熬！

也许这也是一种悖论，那些在政治上紧跟的艺术家，那些丢

焦菊隐在工作中

弃了良知唯君命是从的知识分子，并没有创造出经得起历史考验的作品；而在政治运动夹缝中艰难生存的焦菊隐，却因始终坚持自己的追求，因独特而顽固的个性，而奠定了自己艺术生涯中不朽的成就。

焦菊隐曾于1958年和1963年两次排演《茶馆》。第一次排演时，他和夏淳觉得三个老头这段戏是全剧点题之笔，意思深邃，具有老舍独特的"含泪"的幽默，曾打算将全剧结束于此，但未能实

《茶馆》剧照

现。1963年第二次重排时，甚至不得不和作者商量，加了几段学生运动的情节和一些标语口号式的台词，还让常四爷最后也有"进步"行为，去为游行示威的学生送开水助威，以此表明戏中有一根"红线"。直到1979年恢复排演时，夏淳才去掉贴上去的"红线"。正如夏淳所说："《茶馆》的政治性和思想性是极为深刻的。但它是包含在作者所描写的人物与事件的发展过程中，自然流露出来，这就是'红线'。"最后一幕对仨老头的处理，从演出效果看，更加发挥了剧本的艺术魅力。如刘厚生在《人民戏剧》1980年第9期发表的《〈茶馆〉——艺术完整性的高峰》一文中所说的："在最缓慢的节奏和沉郁的气氛里，在最少的人、最简单的动作中达到体现主题的高潮。这实在是极不容易的艺术创造。"这样的结尾处理，强调了王掌柜的悲剧性的结束。这种悲剧是对旧时代的否定，但暗示着对即将来临的新时代的向往，给人以希望，因之又是喜剧性的。这就大大发挥了剧作潜在的深刻思想意义。

# 话剧民族化

　　焦菊隐所探索的话剧民族化，即是按照话剧的特点，在生活的基础上，学习戏曲遗产的精华，以创建具有中国气派、中国色彩的话剧舞台艺术。如果说，他排《虎符》，是"吸取戏曲精神也兼带形式的一次试验"，那么，《茶馆》的排演则着重在运用戏曲的精神。对于话剧向戏曲传统的学习运用，他要求达到"化"，要求艺术地再现生活。他要求舞台表演自然真实，向戏曲学习要和这一要求结合起来，也就是让舞台上的生活既使观众感到真实可信而又充满强烈

焦菊隐在排练场

的戏剧气氛。

他常说："话剧嘛，'话'特重要，连话都说不利落还演什么话剧！"他在家时常常要听许多唱片，中国的、外国的，在语言方面，他很欣赏刘宝全，他说："刘宝全除了具备一个演员的一切发声条件外，更重要的是语言的穿透力。他的每句话、每个字都射进人的心里。到目前为止，我尚未找到一个语言能力这么强的演员。"他也常听老白玉霜的唱片，他说："别老批判她的色情，她死后男女老少万人空巷为她送行，说明了她的艺术魅力。听听她的唱词、说白，每个字咬得那么清晰，声音的表情与节奏绝了，唱白中都透出浓厚的感情，都听出她的形体动作。不能老是批判她，倒脏水连孩子都扔掉了。"

在《茶馆》中，焦菊隐的戏剧民族化理论是与戏剧现代化理论并举、融和的。虽然《茶馆》确是一出典范性的近代写实主义戏剧杰作，但是它仍然更关注本民族的特点，它并没有局限于斯坦尼斯拉夫斯基体系，也没有单纯模仿西欧近代写实戏剧的模本。焦菊隐在《茶馆》中超越了近代写实戏剧固有的界限，创造了具有中国现代意义的舞台剧。

紧接着在这一年，焦菊隐又排演了《智取威虎山》。这是北京人艺赵起扬、夏淳、梅阡、陈中宣等根据曲波的小说《林海雪原》改编的多幕话剧。话剧《智取威虎山》选择了原小说中情节惊险紧张的几章编写成稿，突出表现了解放军与人民群众的血肉关系和解放军机智勇敢的英雄形象。

导演《茶馆》的成功经验，

焦菊隐曾使用过的导演铃

1958年《智取威虎山》剧照

焦菊隐和《智取威虎山》剧组人员听原著《林海雪原》作者曲波分析人物性格

更有助于焦菊隐探索《智取威虎山》的舞台演出。

　　焦菊隐有意识地学习运用戏曲传统表现手法及其精神，首先是在历史剧《虎符》的排演中播种耕耘，在现代戏《茶馆》《智取威虎山》的艺术实践中，则开始收获丰硕的果实。这出戏并不是焦菊隐"话剧民族化探索"的代表剧目，但却是他在这条道路上尝试以戏曲手法表现当代人生活的又一次尝试。为了表现茫茫林海和深邃洞穴的不同意境，他在戏中采用了可以升降折叠的软景，配以灯光，使有限的舞台空间有了时空切换的可能。在人物形象的塑造上，他有意借用了戏曲中略为夸张的表现手法，使威虎厅的一场压轴戏让观众掌声雷动，大呼过瘾。擅长演小人物的黄宗洛在戏中一人赶四个角色，最后一幕演的是一个连名字都没有的土匪小头目，从夹皮沟窜回山寨向座山雕报告军情。在导演的默许下，黄宗洛使出浑身解数"撒着欢儿的招呼"，使用了戏曲丑行的惯口加怯口，把大段台词说得绘声绘色，博得了满堂彩。这出戏在1958年当年一共演了

149 场，从北京演到山东，当时的济南军区还专门包了一场演出。领导、观众、文艺界的反映都很好，认为"真实，生活气氛浓，尤其是对吸收民族形式十分感兴趣。一位观众说：'这才是中国戏'"。本来，原剧本中还有一段"血洗夹皮沟"的武打场面，因为话剧演员的功底不够而采用了"暗转"。这个精心设计的软幕和不得已而为之的暗场处理，在后来的《蔡文姬》中，被焦菊隐进一步挥洒运用，造成了大气磅礴的戏剧场面。

1964 年，上海京剧院第一稿的《智取威虎山》来北京参加现代戏汇演，受到了评论界的批评，这使江青很不满，指令要北京人艺和北京京剧院按原样重排："让大家比较比较，看上海的戏好在哪里。"人艺党委书记赵起扬和《智取威虎山》剧导演焦菊隐一起到剧组动员，要求按原样演出，不改一句台词，不改一个动作。没想到这件事在"文化大革命"中成了焦菊隐的一大罪状，而从未上过人艺舞台的焦菊隐在那个时候从台后走到台前，"演出"了他最为后人称道并钦佩的一幕。

第十章　创建中国学派的演剧艺术

一九五九年，为纪念中华人民共和国成立十周年，焦菊隐排演了郭沫若新编的历史剧《蔡文姬》作为献礼剧演出。《蔡文姬》的舞台演出，标志着焦菊隐对戏曲传统艺术手法和美学原则的掌握已经得心应手，出神入化。他对话剧民族化的探索已经迈进了一个新境界，他独具特色的导演学派正在形成。

# 《蔡文姬》——话剧民族化的新境界

1959 年，为纪念中华人民共和国成立十周年，焦菊隐排演了郭沫若新编历史剧《蔡文姬》，作为献礼剧目演出。

郭沫若在谈到此剧的创作动机时说："蔡文姬就是我！是照着我写的。"并且申明他写《蔡文姬》是"为曹操翻案"。他把自身经历中体验过的抛妻别子、效命祖国的深情托寄于蔡文姬这位古代女诗人，由此创作出剧本的故事情节，并将以往戏曲和其他文艺形式中白脸奸臣的曹操形象，改变为一位雄才大略的政治家和风度潇洒的诗人。

《蔡文姬》文采诗情并茂、气势磅礴，浪漫主义色彩极浓。多年的政治运动，刻板的生活方式以及精神上的压力，已使诗意和个性在这个社会上荡然无存。尤其当口号、决心、颂词等陈词滥调充斥在社会各个角落中时，已对这一切感到万分厌倦的焦菊隐只有在舞台上才能找到那种充满灵性的东西，也才能使自己的满腹才学和精神世界有所托寄。所以，他十分倾心于这部抒情的剧作，确切地说，他看重的是这部戏所传达出的诗意和悲剧意味。多少年来，他就想排一部这样的诗剧。经过了多年的积累，和在《虎符》《茶馆》《智取威虎山》几个戏中尝试了戏曲的表现原则和手法，以及美术、音乐、绘画等其他艺术手段的综合运用之后，他认真思考了自己的得与失，又在孕育着新的构思。《蔡文姬》的内容和风格特色，正适于实现他的设想，其中的悲凉意境与焦菊隐经历反"右"运动后的心境又恰恰吻合。此时，政治上背着沉重负担的焦菊隐更加渴望在艺术上另辟蹊径，艺术想象的闸门被一下冲开了。不可遏止的创作冲动使他激动地向郭沫若说："您放心，我一定可以排好这出戏！"

1959年焦菊隐和郭沫若在一起

对于话剧向戏曲传统学习的问题，焦菊隐此时已经不是初步学习实践，而是在已有的实践经验基础上，胸有成竹地吸收运用。这是他在《虎符》之后排的第二出古装戏。在表演形式上，他仍然借鉴了戏曲的身段、做派，并且特地请来了北方昆曲剧院的傅雪漪、沈盘生和孙昭来指导演员的身段，但是取消了水袖和锣鼓，使表演逐步向话剧形式靠拢。在舞台美术设计上，他尝试在中国美术写意的风格中加入一些西方舞台美术和电影中的手法，立意求新。他在这出戏中特别强调舞台美术与表演的完美结合和展示人物诗意的心境。焦菊隐对《蔡文姬》舞台美术提出了"四个统一"的原则，即似与不似的统一、形似与神似的统一、有限空间与无限空间的统一、生活真实与艺术真实的统一。他要求舞美设计去掉"匠气""俗气"，"放得开，讲气势"，"譬如画山水画，胸中要存有'江流天地外'的气势，笔下自然会出现'山色有无中'的意境"。在他的启发引导下，《蔡文姬》的舞美绘制出了上百幅草图，经焦菊隐精选后定稿。

《蔡文姬》的舞台，仍如《虎符》一样，全部衬以黑色背景代替天幕。布景主体为各种造型的大幅幔帐，道具精炼简单。舞台上似乎没有什么，但只要与演员的表演结合，又似乎什么都有。

中国昆曲剧院沈盘生老先生教演员表演昆曲身段

《蔡文姬》舞美草稿

如第一幕，台上仅有形状夸张的高大旌旗架、铜锣、羯鼓和马鞍、毡垫等，很有气势，又显得华贵，虽有少数民族色彩，却很难说是什么地点，帐里？帐外？但随着演员在台上的表演，配以灯光的变化和台后《胡笳十八拍》音乐的烘托，让观众感受到朔风凛凛的荒漠边塞气氛。这场布景不仅随着人物的表演表现出穹庐帐外、帐内和帐下三部分不同空间的舞台环境，而且揭示了人物的思想情感和他们之间的复杂矛盾。

又如第二幕在呼厨泉单于的大穹庐（等于王宫）内，单于王宴请汉朝使节并为蔡文姬饯行，要求隆重华丽的场面。舞台上仍是"取其神，遗其形"的装置。台正中挂一大幅幔帐，正中收拢成一椭圆形，朝台后垂挂，圆形正中绘有彩色图案。台正中及两侧仅有几组几案，乍一看，很单调，但焦菊隐安排了二十几名手托方垫和酒具果品的胡女和手持戈矛的胡兵在锣鼓和弦乐声中出场，来回穿梭活动，造成了雄壮威武的气势。等到胡女与胡兵依次站定排成圆弧形时，这些"龙套"便与幔帐正中的圆形图案联为一体，化为布景的一部分。表演注入布景以生命，造成华丽隆重的王宫宴会场面。这样庄严的气氛，不仅加强了舞台环境的情调气氛，同时对于剧本所提示的"胡汉和好"的思想内容给予了形象化的渲染。

再如第二幕结尾的处理。焦菊隐删去歌舞场面，着力渲染文姬归汉的离愁别绪。欢送宴会结束，文姬立即启程。此时，已经没有什么戏剧矛盾，只有几句告别的话。文姬祝单于、左贤王和在场所有的人"永远安康"。文姬的这句话是分别一字一顿说的。焦菊隐要求文姬站在台中央，面对单于的文姬边走圆场边说台词，正好说到最后一个字时走完圆场回到原地。扮演蔡文姬的朱琳回忆说："焦先生安排的几个'圆场'调度，激发了演员的感情，把人物的离情表现得淋漓尽致。我每天走这一圆场，觉得很自如，自己也动心流泪。作为导演，他为演员安排了表达思想情感的相当精美的形式。"当在场所有的人祝文姬"一路平安"后，台后伴唱歌声响起："愁为子兮日无光辉，焉得羽翼兮将汝归？一步一远兮足难移，魂销影绝兮恩爱遗。肝肠搅刺兮人莫我知。"它既是帮腔，又是文姬心理状态的表现，词句也正是她心中孕育的诗句。随着伴唱声，文姬在台中面向观众缓步移动，大幕也开始渐渐闭合。宴会上的匈奴文武官员和侍女、卫士，在暗转的微光中逐渐隐去。在特写光中，观众可以看见文姬由于悲恸突然跟跄了一下，左贤王连忙上前搀扶，稍停顿，夫妻相对无言，然后左

《蔡文姬》剧照

贤王急转背身挥泪。这时帮腔正好唱出"一步一远兮足难移，魂销影绝兮恩爱遗"的词句。文姬左右两旁的侍女随着文姬继续缓步向前。此时，观众还可以看见左贤王挥手告别的逐渐消逝的身影。特写灯光把移步的文姬送至台口，大幕缓缓合拢，歌声中止了。可是，文姬留给观众的却是一个正在漫步踏上遥远旅途的形象。

布景依旧，只是调度部位变化、灯光变化，大幕关闭的速度也在变化，观众随着演员的表演，联想到舞台以外的空间，为这段生离死别的戏，深受感动。焦菊隐在这里运用舞台调度完美地表现了人物的思想情感。

在涉及《蔡文姬》的导演艺术成就时，还有一个重要因素，这就是台词的创新处理。焦菊隐从传统戏曲的说白得到启迪，引导演员摸索一种与文学剧本相适应的台词处理，要求演员念词时，做到音律铿锵、气韵贯通。在统一的台词风格中，不同思想性格的人物，又各有自己的台词处理。这种创新的"舞台腔"，对揭示人物深邃的诗意情感和鲜明思想性格是十分贴切的。

《蔡文姬》剧照

《蔡文姬》的舞台演出，曾轰动一时。著名画家叶浅予数次观看了这出戏，赞叹不已，他说："《蔡文姬》的舞台艺术形象之美，简直胜过宋画《文姬归汉图》！"

作者郭沫若也感到惊喜，他兴奋地对焦菊隐说："你在我这些盖茅草房的材料基础上，盖起了一座艺术殿堂！"

《蔡文姬》的舞台演出，标志着焦菊隐对戏曲传统艺术手法和美学原则的掌握已经得心应手，出神入化。他对话剧民族化的探索已经迈进一个新的境界，他正在形成自己独具特色的导演学派。

这一年，他还以新颖的手法导演了丁西林的独幕喜剧《三块钱国币》。这是焦菊隐所有保留下来的导演剧目中唯一的一出"小戏"、喜剧，

焦菊隐排演《蔡文姬》

陪同习仲勋看《蔡文姬》，左为焦菊隐，中为刁光覃，右为习仲勋

但他同样花了很多心思。焦菊隐说："我们拿到一个剧本，首先去找它深刻的东西，去挖掘它的哲理性，也就是更深地挖掘它的思想性。这思想性要通过艺术表现出来，因此表现出来就比较深刻些，不往庸俗方面发展，不去耍噱头。噱头人人会耍，我们搞的是深刻的'噱头'，把'硬'噱头、'死'噱头给它'化'了。也就是往格调高的趣味上发展。即使是闹剧，我们也可以搞得格调很高。我们要求的是'深''高'——思想深，趣味高。"在这出戏里，"龙套专家"黄宗洛饰演一个只有三个字台词的土警察，在焦菊隐的"放任"下，爱琢磨的黄宗洛把这个角色发挥得淋漓尽致，产生了极其强烈的戏剧效果，而这些剧本以外的发挥，经焦菊隐去芜取精后，大部分被保留了下来。作家丁西林看完连排后气得半天没说话，认为自己的剧本被搞

得面目全非，但演出却大受欢迎，一些艺术院校甚至把演出本打印成教材。焦菊隐认为黄宗洛是一位很有创造性的演员，只要导演替他把住关，那就放开让他去发挥。发现一点新的可取的东西，就肯定他、鼓励他，于是他就会越发"来神"，就会有更新的创造。他喜欢这样有创造性的演员。而黄宗洛则说："我的表演遇到了焦菊隐这样的导演才能成活。"

在排戏的同时，焦菊隐撰写了《略论话剧的民族形式和民族风格》一文发表。文章高度评价了中国戏曲的演剧艺术，对话剧如何学习借鉴民族传统戏曲提出精辟见解。文章指出："话剧要向戏曲学习的，不是它的单纯的形式，或者某种单纯的手法……而是要学习戏曲为什么运用那些形式和那些手法的精神和原则……话剧所要向戏曲传统学习的，首先是突出人物，激发观众的想象。"他还特别强调话剧要保持"自己最基本的形式、方法和自己所特有的优良传统……保持本剧种的特色"。这篇论著，可以视为他对《虎符》《茶馆》《智取威虎山》《蔡文姬》和《三块钱国币》等几个戏导演实践的总结。

从文中的精辟见解中可以了解到，焦菊隐作为导演，从不拘泥于某些单纯的手法技巧，而总是高屋建瓴地来进行艺术构思。他所导演的那些精湛的舞台演出的艺术生命力，不是出自偶然的灵感，也非一时冲动的神来之笔，而是源于对人生的深刻洞察，来自刻苦勤奋和锲而不舍的学习和钻研。

也就在这个时候，焦菊隐的第二次婚姻画上了句号。他与秦瑾从相识到结婚，同甘共苦了近二十年，孕育了两个女儿，当年那浪漫热烈的追求慢慢地被严酷的现实生活剥落了色彩，露出了原本并不和谐的基调，其中谁是谁非已无谈论的必要，或者说根本就不存在什么是非问题，此刻分手，对于他们无疑是最明智的选择。这之后不久，焦菊隐又与潘小丽结婚，并生下儿子焦世宁。但这第三次婚姻则更为短暂，仅仅维持了几年就在"文化大革命"期间夭折了。

1962年，焦菊隐与两个女儿焦世宏（右）和焦世安合影

1961～1962 年，是文艺界难得开始调整并复苏的一段时间。各种活跃思想、鼓励创作的会议相继召开，使知识分子感到了一股扑面春风。先是 1961 年 6 月在北京新侨饭店召开的全国文艺工作者座谈会和全国故事片创作会，接着是 1962 年 3 月在广州召开的全国话剧、歌剧、儿童剧创作座谈会，在这两次会议上，焦菊隐作为一位有成就的戏剧艺术家受到极大尊重。田汉并邀请他重排话剧《关汉卿》（1958 年，北京人艺曾首演田汉的话剧《关汉卿》，导演为焦菊隐、欧阳山尊）。他在广州会议上的专题发言（即后来发表的《导演·作家·作品》一文）也受到与会者的欢迎。特别是在广州会议上，陈毅同志在发言中提出"工人、农民、知识分子，是我们国家劳动人民中的三个组成部分，他们是主人翁"；并提出为"资产阶级知识分子"举行"脱帽礼"。这使焦菊隐感到欣慰，他和所有的人都一样，感到文艺的春天真的要到来了。

# 《武则天》——话剧舞台上的经典之作

就在这一年，郭沫若的又一部新作历史话剧《武则天》送到他的手里。

在《武则天》中，郭沫若虚构了官居中书令的裴炎企图谋反篡位的故事，颂扬武则天励精图治、任人唯贤的修明政治。全剧政治性强，但仍具有作者特有的浓郁诗情和浪漫主义色彩。

这是焦菊隐三度和郭沫若合作，他理解谙熟作家的风格。虽然体裁也是历史剧，但焦菊隐不沿袭旧路，构思别具一格，新颖别致。这个"新"，绝非脱离剧本的标新立异，而是根据剧本思想内容和艺术特色所进行的创新。

如果说，《蔡文姬》的舞台艺术形象近似气势豪放的写意诗，那么，《武则天》的演出则有如一幅清新委婉的工笔画。

按他惯有的创作习惯，焦菊隐在分析研究剧本之后，首先琢磨舞台美术设计。

1962年6月9日《武则天》连排时，郭沫若与焦菊隐在一起

《武则天》表现的是一场宫廷内部的政治斗争，场景都在室内，从政治性的内容看，适于采用写实的布景，但又要有流畅抒情的意境。焦菊隐和舞美设计一起反复推敲，将四组布景组

成一个整体，同时装置在圆形转台上。这样，场景之间不但连结而且互为背景相衬，有如中国园林结构的布局格式。透过内景的门窗户壁，显示深宫层院、回廊曲径的环境气氛。以华丽精致的道具和样式各一的屏风造成宫廷生活的情调，而服装则素雅且有飘逸感，与布景对比烘托。剧中人出场时，穿过层层深院，若隐若现，由远而近，使观众在艺术美的享受中，不知不觉地被带进剧中环境，一段发人深省的历史故事，就在引人入胜的境界中展开了。

焦菊隐处理这出戏，要求演员在写实的舞台环境中，举止、动作和台词都要自然真实，去掉《虎符》和《蔡文姬》中的水袖、大幅度的动作和念台词的腔调。他在《〈武则天〉导演杂记》一文中说，他在这出戏里所着力试验的是要"用无声的台词，也就是说，用人物的一举一动、一个姿势、一个神态、一个眼神，说出比有声的语言更响亮、更准确、更复杂的语言，来和作家写出来的台词，交织成为人物内在面貌的交响曲"。他认为这样"会使人物的议论有了风趣，也会使写实手法的表演浓厚地染上浪漫主义的色彩"。以无声的台词来补充、丰富、衬托和强调有声的台词，正是戏曲表演艺术中极为重要的手法，而焦菊隐的学习借鉴，是根据话剧的特点，使之有所发展，有所创造，并以此构成了完整、统一、和谐的舞台艺术形象。

如第二幕第二场

《武则天》剧照

"审讯"的一段戏，唐高宗躺在卧辇上，大臣、侍卫肃立一旁，被审者只能跪地不动。是一场难处理的"冷戏"，但在焦菊隐的驾驭下，以无声的台词——细节动作表现了人物思想情感的复杂变化和人物之间的激烈矛盾冲突，注入这场戏以艺术魅力。

再以三幕二场"念讨武曌檄"一场戏为例。这篇檄文是我国古代文学史上文情并茂的佳作，但今天的观众却很难听懂。剧本规定是要上官婉儿从头至尾念完，武则天在旁边注意听这篇讨伐辱骂她的檄文。怎样才能使这场戏吸引观众？焦菊隐提示演员"不能以地位调度的变化取胜"，而要以极精确的小动作（手势、眼神、语气等）的变化来表达人物细微的心理活动。如让武则天移动一下座位，挑拨一下灯光，眺望一下窗外的 9 月下弦月等等。这些具有语言性的动作的安排，孤立看，似乎是一些散碎的细节处理，但从舞台形象给人的总体感觉，却显得有层次、有主从，部分与整体互相呼应衔接，浑然一体，而这些细节既合乎人物生活逻辑，又富有性格特征，是人物在此时此景中的独特表现。看来是普通的生活动作，但却是从生活中精选出来的，由此而具有感染人的力量。

在《武则天》演出处理中，焦菊隐始终贯穿着传统戏曲的艺术手法和表演规律，正如他在《〈武则天〉导演杂记》一文中所说的"以形传神，而把形精炼到最小但又最准确、最鲜明的程度，来尽可能夸大和突出人物的神"，使内容与形式达到比较完美的统一。处理这种写实的政治斗争，焦菊隐偏偏反其道而行之，他的导演构思是："给《武则天》写实风格的表演，喷上一层生活细节和浓郁感情的薄雾……作家着力写重大的政治斗争，我们就着力去表演人物的生活细节；作家着力写人物的政治思想和人生哲学，我们就着力去表演他们的感情和他们之间的感情关系。这也许更能体现作品的神貌，更能体现作家

《武则天》剧照

的风格。"

　　尽管对于历史人物武则天的评价，在史学界存在不同的观点，而这部戏的政治色彩，也受到后人的质询；但是，话剧《武则天》仍像《蔡文姬》一样，成为在话剧舞台上的一部经典之作。1963年春节，郭沫若专门题写《满江红》词一首赠焦菊隐留念。

　　《武则天》演出以后不久，焦菊隐就开始重新构思导演田汉的《关汉卿》。

# 《关汉卿》——一部未完成的杰作

《关汉卿》写的是元代大戏剧家关汉卿由于写作杂剧《感天动地窦娥冤》而遭受迫害的故事。田汉在剧中抒发了他作为戏剧家和诗人的激情，以写实的笔触刻画了一批具有文采风韵的生动人物形象。

《关汉卿》剧照

1963年5月17日，《关汉卿》剧组在历史博物馆请沈从文先生作有关时代背景的报告

这部悲剧的中心思想是"与万民除害，替百姓申冤"。民女朱小兰无辜被斩，冤！关汉卿和朱帘秀创作和演出了《窦娥冤》，因而横遭迫害，冤上加冤！因此，也可以说，贯串全剧的是一个"冤"字。

如何通过舞台艺术形象来体现这个"冤"字，成为焦菊隐导演构思的主要内容。

作为导演，焦菊隐十分懂得这样的艺术规

1963年夏，看完《关汉卿》后，剧协主席田汉邀请苏联专家及剧组成员到梅兰芳家作客

律：古今中外舞台艺术的创造革新，首先在于文学剧本提供的基础。他自己多年的实践也证实了这一点。

　　随着学习借鉴传统戏曲艺术的逐渐深入，焦菊隐认为戏曲构成法主要表现在剧情的安排上，而剧情的根本任务是揭示人物的内心世界。戏曲从来就是集中力量来刻画人物思想性格的，所以，它十分重视剧情的结构的连贯性和舞台艺术形象的直观性，也就是叙事性与抒情性的高度结合，而这是适于我们民族千百年来形成的审美鉴赏习惯，为广大观众所喜闻乐见的。话剧应从中吸取营养。在焦菊隐看来，《关汉卿》提供了学习实践戏曲构成法的良好基础，这样的实验则可以深刻揭示文学剧本的思想内容，发挥艺术魅力，以达到"感天动地"的效果。

　　在《关汉卿》的导演构思中，关汉卿为什么写《窦娥冤》，怎么写，焦菊隐设想以具体的舞台艺术形象来表现，渲染贯串全剧的"冤"，以感染观众视听，使之动情。

　　他想在演出中不闭幕，以灯光变化衔接每场戏，将原作以台词叙述的一些情节挪到台上以形象体现，如朱小兰跪在囚车上绑赴刑场、冤声不绝的形象，不时出现在作为背景的纱幕上；《窦娥冤》一剧就作为戏中戏，在台上演出等。以这些舞台形象突出关汉卿创作《窦娥冤》的生活源泉和创作激情，或是烘托人物思想感情。

　　在话剧舞台上，这又是一次大胆的创新实验。焦菊隐的导演构思既有含义深邃的写实处理，又渗透着浪漫主义色彩的悲壮诗情。

　　《关汉卿》同田汉的其他剧作一样，具有鲜明的独特风格：火一般的热情，诗一样的语言，豪放雄浑的基调。可以说，善于透视剧作家对人生的理解、体验剧作风格的焦菊隐，探寻到表现《关汉卿》的精确舞台形象。令人遗憾的是，由于当时一些舞台技术条件的限制，特别是作为"文化大革命"前奏 —— 文艺上"左"倾思潮的加剧，《关汉卿》的演出未能实现焦菊隐的全部构思。加上预订的公演日期不能延缓，焦菊隐只得放弃原有的一些想法，准备以后重新排练时再加工。

　　但焦菊隐再也没有了这样的机会。《关汉卿》的演出，只能成为他作为导演的一部未完成的杰作。

# 日臻成熟的"中国学派"

　　《关汉卿》演出后不久，1963年冬，焦菊隐作为中国戏剧家代表赴日本参观访问，这是他新中国成立后第二次出国。在此之前的1955年，他曾作为中国戏剧家代表参加在芬兰赫尔辛基召开的世界和平大会。此次出国，同行的还有朱光、陈白尘和张瑞芳等人。他们在日本逗留了将近一个月，访问了东京、京都、奈良、大阪、神户和名古屋等八个城市，和日本戏剧界朋友座谈、交流经验和观摩演出，更打开了他的眼界。他越了解外国优秀的戏剧作品，越意识到学习自己民族戏剧传统的重要，越发现中国戏曲艺术是一座取之不尽、用之不竭的珍贵艺术宝库。

　　1962～1963年，文艺界掀起积累艺术经验的热潮，尤其提出要注意积累老艺术家的创作经验。北京人艺做出决定，把焦菊隐的工作量减少到一年一戏，并调配给他一所独门独户的小院，为他进行理论总结提供条件。焦菊隐也沉下心，翻拣他那些记录在实践中的体会、得失的一摞又一摞活页手记和报告底稿，并开始整理成文。这时期，他在理论上的建树，可以说是硕果累累。他先后发表了《〈武则天〉导演杂记》《导演·作家·作品》《豹头·熊腰·凤尾》《守格·破格·创格》《连台·本戏·连台本戏》等论著。加之20世纪50年代发表的几篇，共计数十万字。每一章节都凝结了他的心血和汗水，立论精辟透彻，例子具体生动，若非具有渊博学识、丰富艺术实践经验和对民族传统戏曲的精深知识，是写不出来的。内容涉及演剧艺术、戏剧创

1963年12月10日，焦菊隐被选为北京市第五届人大代表

作、舞台美术、戏剧教育、剧场建设以及艺术行政等诸方面，给予读者的启迪，不仅限于戏剧范围，而且可以推广到文化艺术其他领域。

作为导演，焦菊隐还有一种可贵的素质。那就是不以个人好恶选派演员，一切服从戏的需要。有一位 20 世纪 40 年代就与他相识的演员，表演上有一定造诣，在排戏过程中时常与他争辩。但在焦菊隐所排的大部分代表性剧目中，她都担任了重要角色。在艺术问题上，焦菊隐与她互相探讨，帮助她成功地塑造出鲜明人物形象。这位演员常说："焦菊隐为了演出的完整，不计较个人之间的矛盾。在这点上，是个真正的艺术家。我佩服！"

焦菊隐常说："戏剧既然是综合艺术，在整个演出中，不论任何部门，如不了解剧本和人物，创作方法不协调，都会破坏舞台演出的完整和谐。舞台工作人员不能机械地执行任务。"他很懂得导演的创造力不仅必须融合在演员的表演里，也应该充分展现在舞台美术的创造中，才能创造出完整、和谐的舞台演出。他对舞美设计十分尊重，总说"一个戏的成败，除表演外，舞台美术占 20％"。当年北京人艺的舞美设计人员在谈《武则天》的舞美设计文章中，对焦菊隐的艺术民主作风十分钦佩："他总是以一个普通导演、合作者的姿态和设计人员一起进行工作，从不盛气凌人、摆专家架子，因而在导演与设计的工作之间充满学术研究空气。这就使得设计工作保持在一种严肃紧张，而又十分和谐舒畅的状态之中，可以充分地展开想象，可以相互交流探讨。艺术上的这种民主作风促进了创作上的不断前进，激励着创作集体的热情和兴味，极其自然地把设计工作引进艺术创造的境界。"

不少与焦菊隐合作过的演员都有这样的感受：在他的熏陶下，对艺术事业都有一种献身精神。不论排什么戏，对自己都有一个高的标准，不论什么角色，即便是没有台词的群众角色，由于焦菊隐的重视，大家都认真构思创造。和他合作，就得下功夫琢磨出点名堂来。他有时也叫人发怵，但是，如果你认真领会他的意图而又认真下功夫，经过几次排练，互相之间有了默契，就会觉得他在艺术上毫不独断专横，自己的任何想法也就敢于"展览"出来，经他帮助提炼，充实角色创造。

焦菊隐对于作家，从来采取尊重爱护的态度。剧院决定排的剧目，不论出自名家之手或青年作者，不论质量高低，他一律一视同仁。他排过名家的优秀剧作，也排过极不成熟的剧本和配合时事政治的活报剧，如反映南朝鲜人民反美抗暴斗争的《怒涛》和描写农业生产的《凤水东风》等，排这些戏，他同样废寝忘食地工作，一丝不苟，严肃对待。一位与他多次合作的著名导演曾感慨地说："按焦先生的卓越导演艺术，按他的身份地位，他完全有权利只选排成熟的优秀剧作，但他从不挑肥拣瘦。不论排什么戏，都要求演员和舞台美术设计全力以赴，琢磨出点新东西来。"

焦菊隐排戏，大有一呼百应之势。但是，他的权威并不是由于他任副院长、总导演的职务，而是来自他对戏剧艺术事业的极端忠诚和热忱，来自他深广的生活阅历和渊博学识，来自他对舞台各部门的精深专业知识，来自他严格明确的艺术标准以及他自身的勤奋刻苦和艺术民主作风。

回顾过去，人们发现，人艺现存焦菊隐的保留剧目，都是在每次政治运动的夹缝中排出来的，如果有更稳定的政治气氛和宽容的时间，他会排得更细致、更出色的。他曾说过，不能急于提"剧院风格"，勉强、潦草形成的不完整风格，就只能是一幅儿童画。由此可以理解他对已有的成绩是不满足的。他常说："我的愿望、我的痛苦是日日夜夜思索如何使中国话剧更中国学派化。"

要话剧民族化，要创建具有我们民族特点的话剧艺术和科学演剧体系，他把这概括为"中国学派"。这种思想一直贯穿在焦菊隐几十年的艺术实践活动中，只是经过不断探索、总结、再探索、再总结，才逐渐明晰起来。他和北京人艺的舞台艺术家们，在实践中总结了这样的追求目标和创作准则："深厚的生活基础，深刻的体验，鲜明的艺术形象。"在1962年《〈武则天〉导演杂记》一文中，他又明确提出："从台词里挖掘形体动作和舞台行动，用生活细节和浓郁感情来丰富舞台生活和人物形象，因而使剧本一经演出，就焕发光彩，这是中国学派表演艺术的惊人创造。"

提起焦菊隐的名字，人们就会联想起他所导演的那些精湛隽美的舞台演出，它们能给予人们一种艺术美的享受，而且耐人寻味，激发起向上的情操和追求美好事物的意愿和信念。它们标志着一种艺术风格、一种演剧体系和流派的形成。他所导演的代表剧目，一个戏一个风格，各具独特的感染力，其中既提炼发挥了剧作家的风格而又渗透着导演的艺术个性，并将演员们各自的精美创造，统一在完整、和谐的舞台艺术形象之中。这些演出，不拘泥于任何僵化的模式，而是风貌神采各异，但又从每出戏的舞台形象中，都能捕捉到发展创新的脉络和轨迹。

从焦菊隐所导演的那些光彩耀眼的舞台演出里，从他发表的理论著述中，可以看出，"中国学派"的演剧艺术已经建立并日臻成熟。

第十一章 | 生命的重负

生性倔强的焦菊隐，为艺术坚持真理，从不退让的个性也让他在北京人艺首当其冲，被作为「头号黑帮」关进牛棚。无休无止的交代检查消耗着焦菊隐的生命，也消耗着他的艺术理想。

明知会有何种遭遇，面对艺术，焦菊隐还是选择了永不说谎。这是在「文化大革命」中「被打倒」的焦菊隐为某剧提出的观后意见：「政治上刚及格，艺术上只能给二十分」，这十五个字，是焦菊隐一生中最后一次发表创作意见。

# "牛棚"

排完《关汉卿》之后,焦菊隐已年近花甲。这时,他脑子里还有许多尚待开掘的创新构思。一方面,他极力想在现代剧目中进行探索求新,并已开始设想将歌剧《白毛女》改为话剧;另一方面,排演著名戏剧大师莎士比亚的《哈姆雷特》和《仲夏夜之梦》的愿望在他内心深处从不曾泯灭,尤其是《哈姆雷特》,虽然他20世纪30年代在江安剧专排过,后来人艺也在小范围内排过,但无论内容还是形式,毕竟与他所期望展现的还相去甚远……

然而,他未曾料到,《关汉卿》的排演,竟成为他最后一次的舞台实践。尽管1965年,他和夏淳、方瑠德一起还导演了话剧《刚果风雷》,但那时正值"文化大革命"前夕,他只是执行了一般的导演任务。真正能够展示他导演风格的最后一次实践,应该说还是《关汉卿》。

1966年,正当焦菊隐准备向更高的艺术境界求索时,十年动乱开始了。这是一场空前的劫难,是非、善恶、美丑全被颠覆。

实际上,早在一年前,敏感的焦菊隐就有了大难将临的感觉。一个意识形态被控制的社会,精神上的日渐荒芜和窒息,令须臾不能离开自由空气的艺术家难以忍受。焦菊隐甚至给上级写信请求下放到农村,似乎只有远离喧嚣的穷乡僻壤才是他的生命能够栖息之地。

只是,连他的这一打算也落空了。"文化大革命"中,焦菊隐在人艺首当其冲,被诬蔑为"走资派所包庇的资产阶级反动学术权威"，继而又被扣上"老反革命"的帽子，被作为"头号黑帮"之一关进了"牛棚"。有关他的带漫画的大字报，从王府井南口一直贴到西单，随之而来的是挨不完的批判斗争和无休止的交代检查。

"文化大革命"初期和两个女儿合影

比之以前所有的运动，这一次，他连沉默的权利都没有了。一生自尊自傲追求完美的焦菊隐，甚至写交代材料都还是那么工整，一写一大摞，每份复写十几页。

忧伤、愤怒、绝望，和震耳的锣鼓口号声形成强烈的对比，国家已沦落至此，更何况微不足道的个人。

一个星期天的上午，焦菊隐忽然去了秦瑾家，"我没处可去，所以来看看两个孩子。"话音里流露出无限的凄惨与孤独。

停了一会儿，他说："老舍跳太平湖自杀了，你知道吗？"

秦瑾叹了一口气说："知道了。"

"其实我很理解他，士可杀不可辱，读书人凛然气嘛！告诉你吧！我多少次想走老舍这条路，为了可怜这两个孩子，我从护城河边又回来了。她们小小的年纪，读不了书，又当了狗崽子，任人欺凌，我什么也没有留给她们，要是再给她们背一个沉重的政治包袱，她们怎么活下去啊！所以我一直硬挺着，忍受着不堪忍受的凌辱。"

短短的几句话，浓缩着他对孩子们深厚的父爱，也显示了他内心极度的苦痛。

"记得几年前在首都剧场开梅兰芳的追悼会，那天我紧排在老舍的后面，老舍回过头幽默而感伤地对我说：'焦先生，在死神面前我们也正在排队呢！'这句话深深地埋在我心里。"自从离异之后，他们第一次这么面对面地倾心交谈。

"你我多少年有个习惯，每晚上床脱鞋时，总要默念着明天该完成哪几件事，可现在我每晚上床脱鞋时，心里老默念着老舍，我说，老舍啊老舍，我是紧排在你后面的一个，带我走吧！明天别叫我再穿上这双鞋了！"说完后，这个从不向命运低头的人泪流满面，他摘下眼镜拿在手中，反复地擦呀！擦！

几年前，焦菊隐曾因视网膜脱落在同仁医院治愈，但"文化大革命"中的遭遇，致使他视网膜再次脱落。从此，他在小黑屋的桌上放块吸铁石，把一些钥匙、小剪刀、小刀一类的东西吸在吸铁石上，以便于寻找。但这时，家对他来讲已成虚设，人世间似乎找不到能吸附他的东西，他对秦瑾说："我憋不住时，就去城墙根痛哭一场。"

说这话时，他的眼神里透出一种令人心碎的悲哀。曾经有过的

"文化大革命"中焦菊隐在《工农兵和劳动人民语言随录》中浪费才华

1965年9月老舍夫人作画，老舍题字，赠焦菊隐

梦想，在整日挨批斗和交代问题的他看来，显得是那么荒唐可笑，但他那从不肯妥协的个性，又使他心里的话如鲠在喉，不吐不快："没有文化的人，搞'文化大革命'，把几千年的传统文化都搞掉了，留下的是打砸抢文化。"他为这个民族担忧，为自己热爱的祖国担忧。说着，他又一次想到老舍，"像老舍这样的人才，五十年、一百年也不一定能出一个，活活地硬给逼死了。这个损失比自然灾害要大得多……"

焦菊隐导演的《智取威虎山》在"文化大革命"中也成了他的一大罪状，说他有意反对江青，反对革命样板戏，让"八大金刚"占领舞台中心，群魔乱舞，歪曲解放军形象。在军、工宣队召开的小组批判会上，焦菊隐仍旧穿着一身蓝色的毛料中山装，头发也如同以往一样梳得一丝不乱，举止还是那么庄严，那么从容不迫，像是出席一个严肃的会议。他不慌不忙地解释说，那不是阴谋，也不是反对谁，完全是奉命演出，之后，便对会场上的各种"质问"毫不搭理了。他这种拒不交代认罪的"不老实"态度激怒了造反派们，一时间，"死鱼不张嘴""耍死狗""花岗岩脑袋"的叫骂和各种口号声铺天盖地而来，但焦菊隐就站在那里，不看大家，也不开口，甚至还轻蔑地摘下眼镜用手绢擦了几下镜片，一直僵持到主持人被迫宣布"散会"为止。

在如此高压的气氛之下，焦菊隐始终保持着一个知识分子的良知，他绝不可能昧着良心拿人格去做政治交易，也绝不可能随波逐流而降低自己做人的标准。当外调人员找他了解别人的情况时，哪怕此人过去与他关系不好，甚至曾经还是整过他的，他都实事求是，尽可能说好话，而绝不上纲上线，落井下石。焦菊隐的这种品质早在1961年的新侨会议上就有过精彩的展现。当时，许多与会的专家都在给党委提意见，说本单位党的领导如何不称职，只有焦菊隐一人在会上夸人艺党的领导好，说赵起扬怎么创造条件让自己写文章。结果，焦菊隐的话音一落，金山绕了一大圈跑过去给赵起扬鞠躬。会后，周扬在总结时还说，看来好的领导还是有的。其实，焦菊隐与赵起扬在工作中并非没有冲突，他也并不是对赵起扬没有意见，但他的性格决定了他的行为方式，也显现出他的想法和做法与任何时候的政治都是如此的不谐调。

焦菊隐在人艺的"黑帮"里年龄是最大的，职位也是最高的，但无论是关"牛棚"，还是下干校，他干活儿都比别人出色。不论多么脏累的活儿，他也像治学那样，十分认真严肃。对于命运的捉弄，他始终保持着一种高高在上、略带嘲讽的态度。偶尔，他说起一同劳动的专家们："真可笑，身为导演，连扫地都不会拿扫帚。只在屋中央扫几把，边边角角都不知扫，一看就知道他一辈子没干过活儿，擦桌子，不把抹布先洗干净，越擦越糊涂，连一点起码的生活知识都不懂的人，能导好戏吗？基本功都不行。不吹牛，我劳动是一流的，排戏也是一流的。"

这并非自诩。焦菊隐在各方面都是奇才，他有过人的细致、用不完的精力，行行事事都动脑子。据与他同劳动的人说："割麦时，他的一行割得最干净，麦把扎得整整齐齐，一看就与别人不一样。"这是实话，就连洗衣服，都谁也比不过他，洗得布丝里都透亮，衣服晾干后必须叠好压平；整理箱子，每个角落都是整整齐齐的没有缝隙；孩子吃饭时，围嘴上还得再盖一条毛巾……至于什么花浇什么肥，如何剪枝，肉丝如何切，哪种菜先下锅，写毛笔字怎么用笔，哪种人适合哪种字体，如何鉴别古董、木料，线装书如何过风，洋书如何保存，多少度的水沏龙井，什么样的水沏花茶等等，他都能说得头头是道，也都有一定之规。可以想象，像他这样对生活中点滴细节都如此讲究的人，其艺术标准会是怎样的严苛。

一次，在干校看《红灯记》时，看到自己当年的学生在样板戏中出现，焦菊隐忽然感慨地说："我在北平创办中华戏校不能全给否了，你们看，样板戏中不少都是德、和、金、玉班的，我为京剧界培

1973年焦菊隐与女儿焦世宏、焦世安，儿子焦世宁合影

养了不少人才……"这个时候的这一番自我辩白，让同为"黑帮"的赵起扬啼笑皆非，这不是自己送上门让人家批判吗？

还有一次，焦菊隐对秦瑾说，因为他是"黑帮"，剧院不让他去地铁参观。"这真幼稚可笑，我几十年前就乘过英国最古老的地铁，在法国时天天乘莱茵河下的地铁，前些年还乘过世界上最美的莫斯科地铁，剥夺我参观北京这一小截的地铁权，你说可笑不可笑？你请我，我还不愿去呢，剥夺掉更好，免得我请假。"

日本前进座歌舞团来北京演出，剧院当时的领导通知焦菊隐，让他别出小院，怕他出去碰到日本人，因为过去他去日本访问时与前进座的人都认识。过去他很少在家做饭，基本是中午在外面吃，再带回点剩的晚上吃。那些天，他只好不出门，后来他对秦瑾说："我差点成了白毛女。屋里有米，有面条，就是没盐，没酱油，那日子真难过，比饿肚子还难受，幸亏有鸡蛋，白鸡蛋还可以下咽。"

这真是对现实巨大的嘲讽！

然而，对焦菊隐来说，最痛苦的是被剥夺了艺术实践的机会和权利。宝贵的时间就这样在阶级斗争中流逝了。

# "东方戏剧奇迹"

尽管被当作专政对象，受着敌意的冷眼，但焦菊隐作为一个正直的艺术家的良心并未泯灭。

20 世纪 70 年代初，在"四人帮"文化专制主义的控制下，北京人艺排过一出批判"走资派"的戏。他被请去看了演出。后来发动全院讨论，也破例征求他的意见。

当时，他的处境是等待定案处理。在那动辄得咎的日子里，按焦菊隐的遭遇和年纪，他应该懂得趋吉避凶。他可以只说几句能赢得好感的恭维话，即或保持沉默也不致惹出麻烦。甚至他的学生杜澄夫已事先提醒过他，给他摆出了几个可供参照的选择。一是只说好话，这样对他有好处；二是不说话，这样也不会有太坏的影响；三是说真话，这样做的后果可想而知。焦菊隐听了只是笑了笑，没有做任何答复。然而，当到了剧院谈观后感时，他没有提一条具体意见，只说了十五个字："政治上刚及格，艺术上只能给二十分。"于是，他又被当作"复辟回潮"的黑线人物，招来批斗和责骂。

从此，焦菊隐再也没有了说话的权利，然而，这掷地有声的十五个字，却永远地留在了北京人艺的历史上，它代表了一个知识分子的良知，也充分展示了一个艺术家崇尚真理的境界，不啻是其在特殊境遇中人格本性的呈现。

早在"文化大革命"初期，焦菊隐曾给大女儿宏宏写了一封生日祝贺信。信中有这样几个意思 ——

焦菊隐生前一直使用的烟灰缸和印章

一、我不是反党反社会主义分子；

二、我将来还要做导演；

三、我现在没有钱给你买生日礼物；

四、我希望你一定要努力上好学。

然而，到了1974年"批林批孔批周公"的运动时，他却向好友悲痛地表示："我已经彻底绝望了，今后我再也不能做导演了！"

精神上的折磨使这个顽强的人明显地衰老了。这一年夏天，他被诊断出患了未分化性肺癌。在协和医院的病床上，当死亡的脚步离他越来越近的时候，他想到的是自己未竟的事业和理想。

女儿宏宏从插队的陕北农村赶回北京护理他，他说："大夫认为我最多还可以活两年。你准备一个大讲义夹和纸笔，我口述，你记录，我要争取在两年内把自己多年探索实践的收获，较有系统地整理出来交给后人。我已经是被宣判死刑的人，什么顾虑也不再有了。"

多年来，由于政治运动的干扰，他的学识和才华，还远远没有发挥出来、施展出来，他所创立的属于中国人自己的表演体系也还未及充实完善，"文化大革命"不仅终止了他的学术进程，摧毁了他的一切梦想，也使他最终积郁成疾。他生命中最后的这十年，对我们这个国

《焦菊隐文集》十卷本及获奖证书

家来讲，意味着历史的倒退；对所有经历这一时代的人来讲，意味着思想的停滞；然而，对他来讲，即使是在最绝望的时刻，依然执着于往日的追求，此刻，他要在自己心中的舞台上，最后一次享受纵横捭阖的快乐。

这才是他的生命，是他全部的情感，直到死亡即将临近的时候，他才蓦然意识到，自己原来就是为此而生的。他倾其所有而九死不悔的，在这被政治充斥一切的空间里，已被压榨得无存留之地，但他仍如此沉醉，如此痴迷，要把自己所剩无几的时间统统搭上。

然而，这是一个无可挽回的悲剧，他最终没能完成自己的愿望。从诊断出癌症到去世，他只活了短短 6 个月。1975 年 2 月 28 日凌晨，他怀着未竟的抱负，带着想说而未能说出的话，含恨离开了人间。

家人悄悄把他的骨灰埋在儿子毛毛的墓旁。四十多年前，为了创办中华戏曲学校，他无暇顾及病中的爱子，儿子的去世，使他自责终生，如今，他们父子的灵魂终于可以在天上团聚了，历史风云的变幻也终于可以在这一时刻浓缩成一个最感伤而又动人的落幕……

1978 年，《蔡文姬》又重新演出，戏剧舞台上的十年沉寂从此被打破。

1980 年 9 月至 11 月间，《茶馆》被邀请出国，在西德、法国、瑞士三国十多个城市巡回公演。这是中国话剧第一次出国，历时 50 天的访问演出，震动了西欧戏剧界和广大观众，认为《茶馆》从剧本到演出都达到世界一流水平，是"东方戏剧的奇迹"，称这部杰作的演出具有"现实主义风格、中国民族特色以及完整和谐的舞台艺术形象"。1983 年 9 月中旬至 10 月初，《茶馆》又应邀赴日本东京、京都、大阪、广岛四个城市演出，同样获得极大成功。观众一致反映《茶馆》的舞台艺术形象，显示了现实主义话剧艺术强劲的生命力，为目前日本话剧艺术的发展提出了新的学习课题，起了推动作用。1986 年，《茶馆》还远赴加拿大、新加坡演出，同样取得轰动效应。

2005 年 11 月，《茶馆》赴美国演出，担纲此次演出的演员虽然都是新人，但导演却完全按照焦菊隐生前的版本来排。时光荏苒，距《茶馆》初演已过去近半个世纪了，它的艺术生命力竟还是如此强大，它所赢得的巨大赞誉，在时间的淘洗下，愈加显得弥足珍贵。

同年，《焦菊隐文集》十卷本，在其女儿宏宏积 20 年的不懈努力

2005年文化部举办的焦菊隐诞辰100周年座谈会

2005年北京人艺举办纪念焦菊隐先生百年诞辰学术研讨会

下，在文化部和北京人艺的资助下，终于出版面世了。

也是这一年岁末，正值焦菊隐诞辰 100 周年、逝世 30 周年之际，北京人艺在京召开了纪念大会。时隔几十年，白发苍苍的他当年的同事们仍然含泪带笑地回忆着他的一件件往事，一句一句地琢磨着他没有完成的提纲和设想。会场外，一些本来被认为不会对此次活动有兴趣的青年演员竟在抱怨纪念活动没有给他们参加的机会，就连从未见过他的、在美国长大的外孙女也兴致盎然地参加了多次座谈。她说虽然未见过外公，也不了解戏剧，但这么多人真心的敬仰、深切的怀念，

使她格外感受到焦菊隐这个名字的分量，这个名字所代表的一种精神，在超越了它生存的那个时代之后，才显示出它无可替代的价值。

　　1979 年，在焦菊隐追悼会举行的消息发布后，他在兰州西北师范大学的同事李庭芗教授写了一首《七绝·己未端午记事》，诗中充满了怀念及感伤之情：

　　　　昨夜梦魂绕京郊，水泛楼空豺狼骄。

　　　　醒来尤觉捽南后，哭罢屈原又哭焦。

　　而于是之的挽联只有 10 个字：

先生先去也，

一戏一丰碑。

曾和焦菊隐一起担任《茶馆》导演的梅阡，在纪念焦菊隐诞辰90周年的时候，也写下了一副挽联——

谤言杀人，积毁销骨，哀君直肠谁识，幸逢来听文姬辩；

文章憎命，魑魅喜过，且看乌云扫尽，无须再唱窦娥冤。

剧院的老演员苏民1985年曾为焦菊隐的画像赋诗道：

苦味青果嚼后甜，斯人已去感斯言；

胸横意气凌绝顶，学贯中西取它山。

《虎符》露布民族化，《茶馆》虹飞世界传；

师友情深忆身教，梦中笔香墨犹酣。

其中，对第一句，苏民解释道："焦公幼年贫苦勤学，多年养成志气高远的性格。他尝以橄榄自喻，意味初嚼似

1979年举行焦菊隐追悼会

1979年焦菊隐子女在追悼会上　　1979年时任全国剧协副主席、北京人
　　　　　　　　　　　　　　　　艺院长的曹禺在追悼会上致悼词

苦，待深嚼后方能知其味甜，随先生从艺20年，始愈来愈深地领悟到这个比喻中有先生自知自信的品格在。"

对诗中提到的《虎符》和《茶馆》，苏民进一步解释道："先生自40年代起，以意御戏，求貌取神。几乎每排一戏在艺术风格上均有突破创新。如1947年之《夜店》《上海屋檐下》，新京剧《桃花扇》，1950年之《龙须沟》及歌剧《长征》，1953年之《考验》，1954年之《明朗的天》，1955年之《布雷乔夫》。自1956年公开打出中国话剧民族化的旗帜后，数年间，以民族化为方向的新剧目，多样迭出，理论著作也在实践基础上开花结果，逐步形成自己系统的导演学派。1956年之《虎符》，1958年之《茶馆》《智取威虎山》，1959年之《蔡文姬》，1961年之《胆剑篇》，1963年之《武则天》，1964年之《关汉卿》，皆为开拓话剧民族化道路做出卓越贡献；至'文革'前夕，先生犹试验他的'戏剧构成法'理想，计划改编《白毛女》为话剧。惜尚未着手，即罹十年浩劫，抱憾终身。《茶馆》这出有口皆碑的戏至六个国家及香港演出，被国际舆论誉为'东方戏剧奇迹'，则是23年之后，时先生已谢世六年矣。"

苏民的上述这段话，应该说是对焦菊隐艺术成就的概括性总结。

焦菊隐的戏剧理论

实际上，焦菊隐在世时，人艺已逐渐形成自己成熟的并相对稳定的艺术风格，并且有了与之相称的、成体系的理论，但在相当长的时间里，很少有人从流派的角度评价人艺的经验，也很少有人把人艺的风格看作一个成熟的艺术流派的标识。直到焦菊隐去世若干年后的20世纪80年代，由苏民、左莱等五人合写的《论焦菊隐导演学派》一书，才确立了"焦菊隐导演学派"的提法。至1991年人艺为庆祝建院40周年而举行的国际学术讨论会上，与会的中外专家一致赞成把此提法正式确定为"北京人艺演剧学派"。由于有了焦菊隐这样一位学贯中西的艺术带头人，人艺在20世纪50至60年代排演了一批舞台艺术精品，培养了一批高水平的艺术家，也造成了一代酷爱人艺风格的观众。"文化大革命"后，焦菊隐虽然已不在人世，但他的功绩、他的理论、他的艺术风格，开始得到他生前从未有过的重视与评价，他被称为"北京人艺演剧学派的奠基者"，没有焦菊隐，就没有北京人艺演剧学派，这样说是丝毫不为过的。

这种象征将历久常新，作为一种历史坐标，作为我们民族文化不朽的链条，在今后的日子里，将会不断地被解读、发掘、延伸……

# 参考书目

◎ 北京人民艺术剧院戏剧博物馆编《焦菊隐文集》（十卷），文化艺术出版社，2005 年。

◎ 苏民、左莱、杜澄夫、蒋瑞、杨竹青：《论焦菊隐导演学派》，文化艺术出版社，1985 年。

◎ 杜澄夫、蒋瑞、张帆编《焦菊隐戏剧散论》，中国戏剧出版社，1985 年。

◎ 邹红：《焦菊隐戏剧理论研究》，北京师范大学出版社，1999 年。

◎ 翁偶虹：《焦菊隐与中华戏校》，《人物》1987 年 4 月。

◎ 朱继彭：《王金璐传》，中国戏剧出版社，1999 年。

◎ 北京人民艺术剧院大事记编辑组：《北京人民艺术剧院大事记》，1992 年。

◎ 秦瑾：《抽刀断水水更流》（秦瑾回忆录）（未发表）。

◎ 焦菊隐各时期学生、同事、友人的采访。

◎ 焦菊隐各时期的日记、账目、信件。

◎ 焦菊隐"文化大革命"时期的交代材料。

◎ "文化大革命"时期"焦菊隐专案组"的外调记录。